PHILOSOPHIE
CRITIQUE
DÉCOUVERTE PAR KANT,

EXPOSÉE EN FRANÇAIS

PAR J. HOEHNE.

A PARIS,

Chez Amand KOENIG, libraire, quai des Augustins, n°. 31 (à Strasbourg chez le même), et
Ch. POUGENS, imprim.-libr., quai Voltaire, n°. 10.

FRUCTIDOR, AN XI (1803.)

L'objet de cet ouvrage est l'exposition 1°. du système complet de la Philosophie critique, tel que l'a donné Kant ; 2°. de tout ce qui, jusqu'à ce jour, a été fait en Allemagne par suite des découvertes de ce grand homme.

La première partie formera environ huit tomes de douze sections. — Il paraîtra, depuis Vendémiaire prochain, deux sections par mois.

Le prix de la souscription, POUR LA PREMIÈRE PARTIE*, est de cinquante francs. — On souscrit chez l'auteur et chez les libraires désignés.*

Le prix des sections séparées est à raison de trois décimes (6 sols) la feuille.

A MARSEILLE,

De l'Imprimerie d'Elizabeth MARTIN, sur le Cours

PHILOSOPHIE CRITIQUE.

TOME I.

Homo Naturæ minister et interpres . . . .

BACON.

PHILOSOPHIE CRITIQUE

DÉCOUVERTE PAR KANT,

FONDÉE

SUR LE DERNIER PRINCIPE

DU SAVOIR,

PAR J. HOEHNE.

(Wronski)

A MARSEILLE,

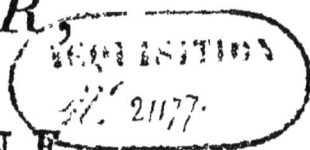

De l'Imprimerie d'Elisabeth MARTIN, sur le Cours.

AN XI. (1803.)

AVIS AU PUBLIC.

Pour accélérer la publication du présent ouvrage, je le distribue en sections, dont voici la première. — Les sections suivantes paraîtront successivement de mois en mois.

Douze sections feront un tome. L'ouvrage entier formera quatre tomes.

A Marseille,
En Messidor, an XI.

Se trouve, en Europe, chez les principaux Libraires.

PHILOSOPHIE
CRITIQUE.

PREMIÈRE SECTION
DU PREMIER TOME.

AVANT-PROPOS. (1)

LA Philosophie a subi, il y a vingt ans, une révolution heureuse dont le résultat lui assure la dignité de législatrice du savoir humain.

Kant, génie sans égal, conçut l'idée de cette réforme et, grace à son zèle pour la vérité, il se chargea des travaux immenses que demandait son exécution. — Cet homme étonnant, envers lequel l'humanité ne saurait être assez reconnaissante, parvint à débrouiller le chaos du savoir humain en lui assignant ses

(1) Je suppose, pour cet Avant-propos, que le lecteur est au fait de l'état actuel de la Philosophie.

principales lois. Ce fut ce qui le mit à même de montrer la possibilité de toutes les sciences, possibilité dont on ne s'était pas même douté avant lui ; d'assigner les sources et les différentes espèces de leur certitude ; de *déduire* leurs véritables principes ; et, ce qui est plus encore, d'affermir la dignité de la morale en assurant à l'homme la raison et la liberté.

Mais, quelque incontestable que soit l'importance des travaux que ce grand homme laisse à la postérité, quelque infaillibles que soient les principaux résultats de ses recherches, sa doctrine, comme telle, manquait encore de cet ensemble systématique, de cette unité que la raison, quoique satisfaite d'ailleurs, ne laisse pas de poursuivre.

Ce fut l'effet de ce défaut qui donna lieu à quelques incertitudes, qui fit sentir le besoin d'une *archi-forme* de tout savoir, et qui porta plusieurs disciples de Kant à l'essai de poser, à ses découvertes, une base plus profonde. — Parmi ces productions, celle de Fichte est la plus remarquable. Cet homme — plein de hardiesse et de sagacité — veut embrasser, du point de vue de Kant, tout le savoir humain en le fondant presque sur un seul principe. (1)

Malgré ces nouveaux efforts, malgré

---

(1) Je suis fort éloigné de méconnaître le mérite des productions de Mr. Schelling : je déclare même que je considère sa doctrine comme placée à un degré au-dessus de celle de Mr. Fichte. Mais des raisons, qui ne sauraient échapper à la perspicacité de Mr. Schelling, ont décidé la préférence que j'établis dans le texte.

l'unité systématique que Schelling et Fichte paraissent atteindre dans leurs doctrines, un certain scepticisme, subtil à la vérité, règne encore parmi plusieurs philosophes.

La seule possibilité de ce scepticisme prouve suffisamment que le succès de ces nouveaux efforts, de cet essai entrepris par plusieurs disciples de Kant, ne répond pas à celui qu'ils s'en étaient proposé, à celui d'élever notre savoir philosophique au plus haut degré de certitude (1). En effet, dans le système

(1) La certitude, considérée en elle-même, n'est pas susceptible de degrés ou de grandeur intensive. — Ce que je viens de dire dans le texte, je l'ai fait en me conformant à l'usage reçu qui veut qu'on entende, par les degrés de la certitude, le plus ou le moins de sa présence.

du savoir humain, le dernier principe devant porter, en lui, le maximum possible de certitude, tout scepticisme, par rapport à ce qui serait fondé sur ce principe, doit être impossible ; parce que, dans le cas contraire, ce scepticisme appartiendrait lui-même au savoir humain, et puiserait, par conséquent, sa certitude dans celle du dernier principe de ce savoir, dans celle où aurait été puisée la certitude contraire, ce qui serait impossible.

Ces considérations, jointes à celles de l'*illégitimité* de la marche par laquelle Fichte parvient à son dernier principe, de l'hétérogénéité de la certitude attachée à ce principe par rapport à celle de la plus grande partie de notre savoir, du peu de valeur objective de ce principe, de son incapacité pour servir de base à la dignité de la morale, etc. etc.; ces considérations, dis-je, me porterent, il y a quelque tems, à soupçonner plus positivement la doctrine de Fichte. (1)

Plus je réfléchissais sur l'essence du dernier principe du savoir humain, plus je m'assurais qu'elle différait de celle du principe que Fichte pose pour base à sa doctrine. — Le dernier principe du savoir humain, comme tel, doit contenir 1°. le maximum possible de certitude, parce que, pour l'homme, il est la source de toutes les autres; 2°. la plus grande

---

(1) Le lecteur conçoit, d'après ce qui a été dit ci-dessus, que je dois entendre, par la doctrine de Fichte et par son dernier principe, tout ce qui a été produit par suite de cette même manière de philosopher.

valeur objective, parce qu'il doit servir de base à celle de tous les objets. — à leur vérité considérée MATÉRIELLEMENT; 3°. une généralité infinie, parce qu'il doit tout embrasser; et enfin 4°. une dignité intrinsèque, parce qu'il doit fonder la dignité de la morale. Ces *caractéristiques* générales de l'essence du dernier principe du savoir humain doivent y être contenues PAR ELLES-MÊMES, et non par quelque développement possible : elles doivent s'y présenter sans être recherchées. — Tout cela manque dans le principe du système de Fichte.

Ce qui est plus encore, le dernier principe, dont il s'agit, doit être tel que, PAR SON ESSENCE, il s'annonce, avec la certitude la plus parfaite, comme dernier principe du savoir humain. — Alors les voies, qu'on pourrait prendre pour le trouver, sont (par rapport à sa valeur) indifférentes ; et, dussent-elles être *illégitimes*, ce principe, une fois trouvé, n'en sera pas moins valide : il aura sa valeur, comme dernier principe, par lui-même, par son essence, et non par la méthode qu'on aurait employée pour le chercher. — Cette circonstance a l'avantage d'exclure, du système du savoir humain, tous ces cercles vicieux qui, dans celui de Fichte, dérivent de ce que la valeur de son dernier principe, comme tel, dépend de la *légitimité* de la manière dont on parvient à le découvrir. — Il serait à souhaiter que l'essence du dernier principe de notre savoir fut telle qu'elle exclut même, de ce savoir, ce cercle vicieux subtil — ce *diallèle* moderne — dont Fichte parle aux pages 38 et 39 de son écrit intitulé *Ueber den*

Begriff

Begriff der Wissenschaftslehre oder der sogenannten Philosophie (zweite Ausgabe, 1798). — Pour que cela pût être, il faudrait que le degré de la certitude attachée, dans ce principe, à la non-existence d'un autre système de savoir, fût tel que, là-dessus, il rendît impossible le scepticisme le plus subtil; parce qu'alors la contradiction, qui résulterait, en cas d'un autre système, de la non-existence dont nous venons de parler, serait valide, et on pourrait conclure, de cette contradiction, l'impossibilité ABSOLUE de tout autre système. Mais, cette impossibilité, pourrait-on dire, quelque prouvée qu'elle fût, n'aurait lieu que dans le système de savoir dans lequel elle aurait été prouvée; — alors, rien ne nous assurerait qu'elle soit telle HORS DE CE SYSTÈME. Ce doute serait contradictoire à notre question, et prouverait qu'on ne l'aurait pas bien saisie : en effet, nous avons supposé que, par l'essence du dernier principe de ce système, tout scepticisme, quel qu'il soit, concernant l'existence d'un autre système de savoir, est rendu impossible ; alors, le doute, dont il s'agit, ne peut plus avoir lieu. — Pour concevoir la possibilité de ce que nous venons de supposer, il suffit de savoir qu'elle a lieu lorsque la CONVICTION, par rapport à ce qui est en question, est INFINIE, ou bien, si l'on veut, lorsqu'elle est DIVINE : et pourquoi ce degré de conviction ne pourrait-il nous être accordé ! (1)

---

(1) Mr. Schelling, dans son écrit *Darstellung meines Systems der Philosophie* dans le second cahier du second volume de

Enfin, pour ce qui concerne le cercle qui, dans le système du savoir, résulte de ce que son dernier principe, considéré comme CONNAISSANCE, doit subir la forme logique à laquelle cependant, considéré comme dernier principe de TOUT, il doit aussi servir de base; pour ce qui concerne ce cercle, dis-je, il ne saurait être annullé qu'en tant qu'il y aurait, pour l'homme, des connaissances qui se trouvent au-delà de la sphère de celles qui sont soumises à la forme logi-

---

l'écrit périodique *fuer speculative Physik*, prétend (au §. 3.) annuller, D'UNE MANIÈRE INDIRECTE, le cercle dont il s'agit. — Pour prouver l'insuffisance du résultat de son entreprise, Mr. Fichte pourrait lui objecter le doute que, dans une vue différente, nous venons de considérer dans le texte.

que. Cette supposition paraîtra peut-être paradoxale : — mais son impossibilité n'est pas prouvée ; de plus, ce sentiment vague d'un besoin, qui nous porte à cette supposition, paraît nous avertir de sa possibilité. — Dans le système de Fichte, ce cercle est inévitable, parce que son dernier principe subit la forme logique, — celle d'un JUGEMENT : cependant ayant égard à la manière dont Fichte explique ce cercle — en fondant, dans le dernier principe, sa forme sur son contenu, et, réciproquement, son contenu sur sa forme ; et en prétendant les rendre par-là inconditionnels l'un et l'autre, la forme et le contenu — ce cercle pourrait être souffert. — Dans le système de Schelling (1), le cercle, dont il s'agit,

(1) D'après la dernière exposition qu'il en a donné dans l'écrit cité dans la note précédente.

est tout à la fois et ANNULLÉ et NON-ANNULLÉ; parce que, dans son dernier principe — DANS L'IDENTITÉ ABSOLUE POSÉE PAR LA THÈSE A = A — la forme logique est tout à la fois et séparable (voyez §. 6.) et inséparable (voyez §. 15.) de son contenu. (1)

---

(1) Cette antinomie subtile dans le système de Schelling, est en partie ce qui prouve — comme on le verra par la suite — que Schelling a fait un pas de plus que Fichte. En attendant, je laisse au lecteur — à celui dont l'esprit est assez cultivé pour pouvoir y prendre de l'intérêt — à résoudre cette énigme.

Pour bien caractériser le système de Schelling, il faut le reconnaître comme une approximation, la plus avancée que nous ayons, du MODÈLE de la Philosophie, mais non de la PHILOSOPHIE elle-même. — Je dois m'étonner

Telle était la manière dont j'envisageais le dernier principe du savoir humain (ou, plutôt , telle était l'essence que, porté par un besoin secret, je supposais à ce principe) long-tems avant d'avoir osé le rechercher moi-même. Ce ne fut que lorsque je réfléchis sur la HARDIESSE ET LA FACILITÉ avec lesquelles l'homme s'élève hypothétiquement à cette hauteur, que je conçus une idée plus positive de la possibilité de ce principe, et que je m'enhardis à le rechercher.

Je partis du *fait* reconnu généralement A est A, ou bien A = A; le même dont

---

de ce que, dans l'état actuel de la Philosophie — dans celui du *Criticisme* philosophique, Schelling ait pu s'occuper de la production d'un système DOGMATIQUE.

était parti Fichte ayant en vue la même recherche. Une analyse rigoureuse, différente de celle de Fichte que je savais être *illégitime*, me conduisit à une idée dont l'objet, au premier aspect, me parut porter le caractère de dernier principe de tout savoir. — Plus j'en examinais la nature, plus j'étais convaincu de sa validité : je reconnus que cette idée contient, à côté d'une certitude INFINIE, TOUT CE QU'IL Y A À SAVOIR ; elle contient la base d'un savoir INFINI, ou bien, si l'on veut, d'un savoir DIVIN.

Je mis en usage le principe trouvé, et j'eus la satisfaction de reconnaître, dans notre savoir, cet ordre de dépendance mutuelle, de liaison réciproque ; cette unité si chère à la raison. J'eus la satisfaction de voir notre savoir philosophique s'élever, sur ce principe, au plus haut degré de certitude. J'eus enfin celle de prévoir, pour l'avenir le plus reculé ; l'impossibilité absolue de tout scepticisme quelque subtil qu'il puisse être. — C'est ce système que je présente, dans cet ouvrage, au Public philosophe.

Comme j'expose le système de tout le savoir humain, je ne dois supposer au lecteur aucune connaissance préliminaire. Je pars de l'époque où se trouvait la Philosophie immédiatement avant les recherches de Kant (1). — Je trace, dans l'Introduction, l'histoire philosophique de la découverte qui prépara cette heu-

(1) Toutes les fois qu'il s'agira, dans le cours de cet ouvrage, de l'époque actuelle, ce sera celle dont je parle ici dans le texte.

reuse révolution de la Philosophie — de la découverte de la méthode critique. J'y expose sa nature dont l'analyse m'indique les parties principales de l'ensemble de mes recherches: la route étant ainsi tracée, j'entre en matière.

Le contenu de cet ouvrage, quant à son essence, ne différe de celui de la doctrine de Kant qu'en ce qu'il s'y trouve une base glissée dessous les derniers principes de ce philosophe: — c'est ce qu'annonce son titre. — Cette base, qui, quant à elle, porte son fondement en elle-même, affermit les derniers principes de Kant et leur donne, quelquefois, une direction différente de celle que ce philosophe leur a fait prendre et qu'il ne pouvait connaître alors. Ces petits écarts n'exercent cependant aucune influence sensible sur les principaux résultats de sa doctrine, résultats qui dépendent essentiellement de ces directions majeures qu'il n'a presque jamais manquées. — C'est ici qu'on sentira la valeur de ce que dit Fichte lorsqu'il laisse aux tems à venir d'approfondir le génie de cet homme (de Kant) qui, du point où il avait trouvé la Philosophie, l'entraîna souvent avec violence, comme conduit par une inspiration céleste, vers son terme final.

Pour ce qui concerne la publication de cet ouvrage, je choisis la langue française comme la plus répandue. — Ce choix me portera souvent — la Philosophie critique n'étant pas encore publiée en français (1) — à entrer dans

(1) L'ouvrage élégant de Mr. Villers, intitulé *la Philosophie de Kant*, n'est destiné

des détails dont je me dispenserais si j'écrivais en allemand.

---

que pour servir, aux Français, d'introduction à l'étude de la Philosophie critique. — Mr. Villers a parfaitement atteint son but. Il parait même qu'aujourd'hui personne ne serait plus capable de traduire ou d'exposer en français le système complet de la Philosophie critique tel que, jusqu'à ce jour, il se trouve en Allemagne. A une connaissance parfaite de sa langue, Mr. Villers parait joindre une connaissance approfondie de tout ce qui s'est fait en Allemagne depuis cette mémorable révolution dans la culture rationnelle de l'homme.

La traduction française d'un morceau (par Mr. Kinker), inséré dans le *Magazin* de Mr. van Hemert, ne contient qu'un ESSAI et ne traite, d'ailleurs, que d'une partie de la Philosophie critique. — Quant à son mérite comme essai, le nom de son auteur le lui garantit suffisamment.

Je sais que les Français ne trouveront ma diction ni élégante ni, peut-être même, exacte. Je conviens d'avance de ces défauts. — Dans un ouvrage de la nature de celui-ci, l'élégance et même l'exactitude du style, comme tel, sont, en comparaison des intérêts majeurs qui en font l'objet, de trop peu d'importance pour que l'auteur puisse leur sacrifier la moindre partie de son tems. La seule obligation, que je reconnaisse, est d'être, dans tous les cas, PRÉCIS et, si j'ai quelque tems de reste (ce dont je doute fort), d'être CLAIR.

J'espère qu'on ne trouvera pas mauvais que je me sois servi, dans le cours de mon ouvrage, de quelques expressions nouvelles (1). — Je sais que c'est aux

(1) Je détermine leur signification dans les notes.

Français à créer leur langue philosophique ; mais, je n'ignore pas non plus qu'à son défaut, il m'est permis de recourir aux signes propres à exprimer ma pensée, pourvu que je ne prétende leur attacher une valeur que par rapport à l'usage que j'en ai fait.

J'ai supposé pour l'Avant-propos, comme je l'ai déjà dit, que le lecteur est au fait de l'état actuel de la Philosophie. — Quant à l'ouvrage lui-même, que nous allons commencer, le lecteur est dispensé — pour ce qui concerne le contenu du texte — de toute connaissance préliminaire.

PHILOSOPHIE CRITIQUE.

INTRODUCTION.

Les différens systèmes de Philosophie prouvent, par le degré de conviction qu'ils produisent, leur défaut de toute valeur positive. Ainsi, le seul fruit, qu'on doit retirer de leur étude, est de considérer comme nuls les résultats de toutes les recherches faites en Philosophie. (1)

Ce premier pas nous porte à concentrer, sur la POSSIBILITÉ de la Philosophie, toute notre attention. — En réfléchissant sur ce

(1) Le lecteur ne peut ignorer que je ne parle ici que de la Philosophie proprement dite, et non des différentes sciences qui portent l'épithète de PHILOSOPHIQUES, telles que la Logique, la Physique, etc.

Je rappelle au lecteur que, par l'état actuel de la Philosophie, j'entendrai constamment celui qui précéda immédiatement les découvertes de Kant.

grand nombre d'hommes célèbres qui se sont occupés de cette science, et qui tous y ont échoué, l'un des résultats, qu'on obtient au premier abord, est le doute sur la possibilité d'atteindre leur but. Parvenu à ce point, l'homme, qui sent le besoin de cultiver sa raison, ne peut manquer de concevoir l'idée heureuse de l'importance attachée à L'EXAMEN de la possibilité en question. — C'est cette idée qui fut l'*avant-lueur* de la Philosophie critique.

Pour peu qu'on examine l'idéal de la Philosophie, on reconnait que, lorsqu'elle est considérée comme science, les conditions de sa possibilité consistent dans un emploi JUSTE des moyens requis — de celles des facultés de l'homme dont l'action s'y trouve *postulée* (1). Cette justesse de l'emploi, dont il s'agit,

(1) La signification, que j'attacherai, dans cet ouvrage, au mot français *postuler*, est celle que porte le même mot dans la langue latine lorsque les géomètres en forment leur *postulatum* : par la suite, où j'aurai besoin de me servir de la signification de ce dernier, je la désignerai par le mot *postulat*.

s'agit, consiste, de son côté, dans la conformité de cet emploi avec ses propres lois; conformité qui n'offre rien d'impossible. Ainsi, la possibilité de la Philosophie comme science, lorsqu'elle est prise dans la véritable acception de son idéal, ne saurait ne pas avoir lieu. (1)

Cette détermination, comme telle, de la possibilité en question, n'est d'aucune utilité pour la science même de la Philosophie. — Ce que j'ai dit ci-dessus de l'importance dont il est d'examiner, AVANT TOUT, la possibilité

(1) La Philosophie, considérée par rapport à la satisfaction du besoin qui la constitue, n'est encore, au point où nous en sommes ici, que problématique. Mais, la Philosophie, CONSIDÉRÉE COMME SCIENCE, peut déjà, ainsi que nous venons de le faire dans le texte, être reconnue comme possible. — Le lecteur est prié, en cas qu'il soit d'une opinion contraire, de suspendre là-dessus son jugement définitif jusqu'à ce que par la suite, quand j'aurai déterminé l'idéal de la Philosophie, je donne quelque développement à ce qui vient d'être dit dans le texte.

de la Philosophie, ne concerne que la connaissance — acquise par cet examen — des conditions de cette possibilité. C'est cette connaissance qui nous met sur la véritable voie des recherches en Philosophie.

En effet, ayant reconnu les conditions sous lesquelles seules la Philosophie est possible, on agirait contre son but si, en s'occupant des recherches qui la concernent, on perdait de vue ces conditions. — Une observation exacte de ce qu'elles exigent, constitue, par conséquent, le principe de la véritable méthode de philosopher, DE LA MÉTHODE CRITIQUE.

La découverte de ce principe est la seule utilité — qui d'ailleurs est purement négative — que nous retirons des résultats de toutes les recherches faites, jusqu'à nos jours, en Philosophie.

Cette marche lente dans les progrès de l'esprit humain — de s'être égaré à plusieurs reprises avant d'avoir trouvé la véritable route — n'est point accidentelle. — Ce ne fut qu'à l'époque de l'état de perplexité, où l'on se trouvait réduit par le mauvais succès des travaux immenses employés pour la Philosophie, qu'on put s'élever à l'idée de cette véritable voie de recherche.

Mais, qui est-ce qui nous garantit, demandera-t-on peut-être, que cette voie soit meilleure que les autres ? — Comme il n'est pas possible qu'après avoir bien compris ce qui a été dit ci-dessus, on fasse cette demande, la réponse est facile à deviner. (1)

---

(1) Le lecteur aurait tort si, ne pouvant saisir le sens de cette Introduction, il croyait que l'ouvrage entier sera au-dessus de ses forces et que, par conséquent, il perdrait son tems en l'étudiant. — C'est par de tels jugemens anticipans que la Philosophie de Kant a faussement été qualifiée, par une grande partie du Public, de l'épithète d'ININTELLIGIBLE.

Je suis assuré que tous ceux qui ont abordé la Philosophie de Kant, ont rencontré (à la différence près qui provenait de la différence de la culture de leur esprit) les mêmes difficultés. — Ceux qui ont eu l'art et le courage de suspendre la solution de ces

Déterminons maintenant, avec plus d'exactitude, la nature de la méthode critique dont nous venons de voir la découverte.

Les conditions de la possibilité de la Philosophie, desquelles l'accomplissement constitue le principe fondamental de la méthode critique, consistent, comme nous l'avons déjà vu, dans l'emploi juste de celles des facultés de l'homme dont l'action est *postulée* dans l'idéal de la Philosophie.

Ainsi, l'observation exacte de ce qui est requis par la conformité avec ses propres lois de l'emploi dont il s'agit — conformité qui constitue la justesse de cet emploi — ca-

---

difficultés jusqu'à ce que, par la suite de cette étude, ils se soient rendus à même de le faire, ont tous réussi. Ceux, au contraire, qui ont manqué de ce courage, ont été nécessités de se consoler par l'opinion que la Philosophie de Kant est ININTELLIGIBLE.

ractérise l'esprit de la méthode dont la nature est en question. (1)

---

(1) On me dira, peut-être, que les *Kantiens* s'élèvent, dans leurs recherches, au-dessus de la justesse dont je parle et dont je considère L'ACCOMPLISSEMENT comme étant le dernier principe de la méthode critique qu'ils suivent. — J'en conviens : mais ils ne prennent cet essor que par suite de leur méthode. En effet, la méthode critique, en prescrivant EXPLICITEMENT la justesse dont nous parlons, en *postule* la connaissance et demande, par conséquent, la recherche de ce qui la constitue; or, ce fut cette recherche qui conduisit Kant à s'élever au-dessus de la justesse en question, au-dessus des lois de l'emploi des facultés *postulées* dans l'idéal de la Philosophie.

A l'époque où Kant conçut l'idée de cette recherche, il ne put prévoir l'essor qu'il a pris par la suite : au contraire, pour en obtenir le succès desiré, Kant dut alors, en se conformant déjà à sa méthode, se prescrire l'observation rigoureuse des lois qu'il voulait chercher — de celles dont nous venons de parler; observation qui par-là l'aurait entraîné dans un cercle vicieux qu'il n'a évité que par l'essor heureux dont il s'agit. Kant ne put alors prévoir cet essor, dis-je, parce que ce dernier transporte dans une

Pour rendre plus intelligible ce que je viens d'exposer, j'ajouterai les particularités suivantes.

L'art des dialecticiens consistait jadis à établir, SOUS L'APPARENCE DE LA VÉRITÉ, des principes faux et d'affirmer, SUR CE FONDE-

---

sphère nouvelle de savoir dont on ne peut se faire une idée avant d'y être transporté, c'est-à-dire, tant qu'on reste encore dans une autre sphère dont les lois sont différentes: aujourd'hui même que l'on y est déjà parvenu, les *Kantiens* se trouveraient, peut-être, embarassés si on les pressait, de trop près, en leur demandant de se *légitimer* par rapport aux topiques des argumens qu'ils font lorsqu'ils planent, ainsi, au-dessus de toutes les lois du savoir humain.

Ayant égard à ces considérations, on concevra que la manière, dont je caractérise l'esprit de la méthode critique, est la seule véritable, sur-tout au point où nous en sommes ici (dans le texte) avec la Philosophie et où je dois supposer le lecteur. Cette manière est celle dont Kant dut l'envisager lors de sa découverte : celle, dont elle doit être envisagée lorsqu'il s'agit d'en tirer des principes pour le mode de recherche qu'elle prescrit.

MENT, des choses purement apparentes. On sentit le besoin de se prémunir contre ces illusions, et on chercha les moyens de les reconnaître. Des règles, moyennant lesquelles on pourrait, en fait de vérité, distinguer le réel de l'apparent, parurent être les moyens les plus convenables. On songea à leur détermination, et on comprit, quoique peut-être confusément, que c'était dans les conditions de la possibilité de la vérité, EN TANT QU'ELLE ÉTAIT EN DOUTE, qu'il fallait les chercher.

La vérité en général n'a d'autres conditions de sa possibilité que la justesse — la conformité avec ses propres lois — de l'emploi de celles des facultés de l'homme dont l'usage est destiné à l'acquisition de ses objets — de ceux de la vérité. On songea donc à rechercher les lois de l'emploi de ces facultés, en tant que pouvaient dépendre, de cet emploi, les points de la vérité sur lesquels on était en doute.

Ces points, d'après ce que nous venons de dire de l'art des dialecticiens, consistaient simplement dans l'apparence de vérité dont ces derniers revêtissaient des propositions CONÇUES D'AVANCE. C'était donc la FORME de la vérité, et non sa MATIÈRE, qui était en doute. — Ainsi, l'influence que pouvait avoir, sur les points douteux en question, l'emploi des facultés dont nous venons de parler, ne devait concerner que la FORME de cet emploi.

On se détermina, par conséquent, à rechercher les lois de cette FORME. — Delà naquit la Logique dont le contenu est l'ensemble des conditions FORMELLES de la vérité. (1)

Mais, outre les lois qui concernent la FORME de l'usage des facultés destinées à la recherche des objets de la vérité, lois que nous appellerons *LOGIQUES*, IL FAUT qu'il s'en trouve d'autres qui concernent le MATÉ-

(1) Le lecteur peut remarquer, en passant, que le *Criticisme* philosophique n'est pas entièrement nouveau. Une de ses parties — la Logique, qui s'occupe des lois formelles de la vérité, date de l'époque des dialecticiens.

RIEL de cet usage. Cette nécessité est facile à concevoir : en effet, l'usage, dont il s'agit, contenant réellement les deux parties, la formelle et la matérielle, celle-ci a un principe intérieur de son essence par lequel elle obtient le mode de sa réalité ; principe qui, par conséquent, en constitue les lois.

L'ensemble des lois, qui concernent le MATÉRIEL de l'usage des facultés supérieures en question, des lois que nous appellerons *TRANSCENDENTALES*, doit constituer les conditions matérielles de la possibilité de la vérité.

Ici, comme pour les lois logiques, des combinaisons peuvent produire une apparence de réalité. — Cette apparence est d'autant plus dangereuse qu'elle concerne le matériel de la vérité. Une apparence LOGIQUE, ne pouvant produire l'illusion que dans la forme d'une proposition, peut être découverte ou, du-moins, soupçonnée moyennant ce qui choque dans le matériel de cette proposition; mais, une apparence TRANSCENDENTALE, qui produit l'illusion dans le matériel même de la proposition, ne saurait être découverte ni soupçonnée lorsque la forme logique de cette proposition est observée. — Voilà la source de toutes les erreurs qui se trouvent consignées dans les différens systèmes de Philosophie, erreurs que l'esprit le plus pénétrant, aidé du jugement le plus droit, n'aurait pu éviter alors : voilà ce qui explique pourquoi tant d'hommes célèbres ont échoué dans leurs recherches philosophiques.

La découverte de cette source est une des plus précieuses pour l'humanité. — C'est elle qui vient d'ouvrir la voie par laquelle nous parvenons aujourd'hui à ce qu'on a cherché vainement depuis l'origine de la Philosophie. Elle donne une direction nouvelle aux recherches de toutes les sciences et nous y fait espérer les révolutions les plus heureuses (1).

(1) Plusieurs sciences et arts se ressentent déjà, en Allemagne, des heureux effets de cette influence de la Philosophie critique.

— Mais, elle a coûté cher à l'humanité: que de travaux n'a-t-il pas fallu sacrifier avant d'en avoir pu concevoir l'idée ! Ce ne fut qu'à l'époque où se trouvait la Philosophie à la fin du dernier siècle, que l'on put et que l'on dut même en sentir le besoin. Les choses en étaient venues au point que, quand même Kant, à qui nous devons cette découverte, ne l'eût pas faite, d'autres philosophes n'auraient pas manqué de la mettre au jour.

Avant que je m'occupe d'assigner les différentes parties de la méthode critique, qui devront pouvoir se *déduire* de sa nature telle que nous venons de la voir, je tâcherai encore de faire connaître, par une analogie, la relation qui existe entre les lois LOGIQUES et les lois TRANSCENDENTALES. (1)

(1) J'entre dans ces détails parce que, comme je l'ai dit dans l'Avant-propos, je dois avoir égard à ce que la Philosophie critique n'est pas encore publiée en français.

L'ensemble de ce qui fait l'objet des Mathématiques pures constitue les conditions FORMELLES de la possibilité du Monde physique. — Une Planète, par exemple, ne saurait se mouvoir autour du Soleil, dont elle serait attirée selon la loi newtonienne, sans que la FORME (la position de la Planète relativement au Soleil) de son mouvement ne soit telle que la somme des attractions, que le Soleil exerce sur la Planète pendant le tems qui s'écoule depuis l'aphélie jusqu'à l'anomalie vraie désignée par $\frac{1-e}{p} \cdot 360^\circ$ (*e* étant l'excentricité, *p* la circonférence pour le rayon 1), se trouve égale à la force de projection de la Planète dans son aphélie. Encore un exemple: trois points de matière ne pourraient exister sans que la FORME de leur position ne soit telle que les directions, qui désignent la relation de leurs lieux, fassent entre elles trois angles et, de plus, d'une grandeur équivalente à celle de deux angles droits. — Mais, ce ne sont là que les lois de la FORME du Monde physique. Outre celles-ci, il s'en trouve d'autres auxquelles est soumis le matériel du Monde, dont il s'agit, et qui, par conséquent, constituent les conditions MATÉRIELLES de sa possibilité. Ce sont celles qui font l'objet de la Physique spéculative : de leur nombre, par exemple, est la loi physique qui demande que, dans toute communication de mouvement, l'action et la réaction soient toujours égales.

Eh bien, telle qu'est, pour le Monde physique, la relation qu'il y a entre les lois qui font l'objet des Mathématiques pures et celles qui font l'objet de la Physique spéculative, telle est analogiquement, pour l'usage des facultés supérieures de l'homme, la relation existante entre les lois LOGIQUES et les lois TRANSCENDENTALES.

J'indiquerai encore une autre relation qui, comme celle qu'il s'agit d'apprécier, concerne une action pratique et dont, par conséquent, l'analogie avec cette dernière est plus exacte.

Le but de l'État est la SURETÉ de tous les individus qui, réunis, forment la SOCIÉTÉ POLITIQUE ou — comme l'appelle Mr. Voss — *LA COMMUNE*. La légitimité morale des relations dans l'État constitue sa FORME : leur *finalité* politique constitue son CONTENU — sa MATIÈRE. — L'ensemble des lois de la forme de l'État, de celles qui font l'objet des recherches du *Droit-d'État* (*Juris civitatis*) (1), constitue les conditions FORMELLES de sa possibilité — de la possibilité de l'État : parmi elles, par exemple, est la loi juridique — AUCUNE PARTIE DES CITOYENS, COMME TELS, NE PEUT AVOIR, DANS LES DÉTERMINATIONS ET DANS LES APPLICATIONS DES MOYENS DESTINÉS A ATTEINDRE LE BUT DE L'ÉTAT, UNE PART PLUS GRANDE QUE N'ONT LES AUTRES PARTIES DES CITOYENS. Tous les moyens politiques, quelle que soit leur *finalité*, cessent d'être légitimes dès que leur FORME cesse d'être soumise aux lois formelles déterminées

---

(1) *Des allgemeinen Staatsrechts.*

par le *Droit-d'Etat.* — L'ensemble des lois qui concernent le MATÉRIEL de l'État, de celles qui font l'objet des recherches de la Politique proprement dite, constitue les conditions MATÉRIELLES de sa possibilité : je cite, pour exemple, cette loi politique — L'ÉTAT DOIT ENTRETENIR DES RELATIONS ET DES LIAISONS D'AMITIÉ AVEC TOUS LES ÉTATS DONT IL PEUT CRAINDRE DES ATTAQUES OU ESPÉRER DES SECOURS.

Telle qu'est, pour l'État, la relation qu'il y a entre les lois qui font l'objet du *Droit-d'Etat* et celles qui font l'objet de la Politique, telle est analogiquement, pour les facultés supérieures de l'homme, la relation entre les lois LOGIQUES et les lois TRANSCENDENTALES.

Après avoir exposé la nature du *Criticisme* philosophique et après avoir fait, pour la rendre intelligible, tout ce que les limites de cette Introduction m'ont permis de faire, il ne me reste plus, pour remplir l'objet que je devais me proposer ici, que d'indiquer les différentes parties du *Criticisme* dont il est question. — J'ai déjà fait remarquer ci-dessus que les parties de la méthode critique doivent pouvoir être *déduites* de sa nature sans intervention d'aucun principe : — il suffit de la démembrer.

Pour peu qu'on examine la nature de la méthode critique, telle que nous venons de la voir, on reconnait facilement qu'elle consiste en deux parties distinctes. — L'une, qui dans l'ordre de succession est la première, a pour objet la recherche et la détermination des lois de l'emploi des facultés supérieures de l'homme *postulées* dans l'idéal de la Philosophie. L'autre, qui — comme nous venons de le dire — doit être précédée par celle-là, a pour objet la recherche, AVEC UNE ATTENTION PARTICULIÈRE AUX LOIS MENTIONNÉES, de ce qui, réuni, compose l'idéal de la Philosophie.

La première partie, que nous appellerons

CRITIQUE

CRITIQUE PHILOSOPHIQUE, se subdivise en deux autres. — L'une de ces dernières a pour objet la FORME de l'emploi des facultés supérieures dont il s'agit : elle est connue sous le nom de LOGIQUE. L'autre, qui fait l'essence de la découverte de Kant, a pour objet le MATÉRIEL de l'emploi de ces facultés : — Kant l'a appellée *PHILOSOPHIE TRANSCENDENTALE.*

La seconde partie principale dans la méthode critique porte aujourd'hui le nom de *MÉTAPHYSIQUE.* — Cette seconde partie, si elle était considérée dans sa totalité, devrait porter le nom de PHILOSOPHIE STRICTEMENT DITE : mais, on en a détaché des parties considérables qui, aujourd'hui, font l'objet des différentes sciences, et on n'a laissé, pour la Philosophie, que la partie qui renferme leur législation.

La Critique philosophique et la Métaphysique *basée* sur cette Critique, réunies dans un système, constituent ce qu'on appelle aujourd'hui *PHILOSOPHIE CRITIQUE.* — On conçoit, par ce qui a été dit ci-dessus, que la Philosophie critique ne différe de la Philosophie proprement dite qu'en ce que, dans la première, la MÉTHODE INFAILLIBLE des recherches, qui font l'objet de la dernière, fait, à côté de ces recherches, un objet de recherches nouvelles.

Moyennant ce que nous connaissons jusqu'à présent de la nature de la méthode critique, nous ne pouvons, sans intervention de quelque principe, assigner ses subdivisions ultérieures, — les parties constituantes de la Logique, celles de la Philosophie transcendentale, ni même celles de la Métaphysique. — Quels sont ces principes? — C'est ce que l'idéal de la Philosophie doit nous apprendre: ainsi, la DÉTERMINATION DE L'IDÉAL DE LA PHILOSOPHIE, lequel doit nous indiquer les principes des recherches que nous nous proposons de faire, doit nous occuper AVANT TOUT. Par là même, cette détermination ne fait pas une partie intégrante de la Philosophie : celle-ci la suppose d'avance et c'est pourquoi je la donnerai, avec les principes mentionnés qui en découlent, sous le nom de *PRÉLIMINAIRES DE LA PHILOSOPHIE*.

Pour ce qui concerne l'objet, que je devais me proposer dans cette Introduction, je crois l'avoir rempli. — J'ajouterai encore quelques mots sur les différens degrés de perfection dont les recherches, d'après une méthode quelconque, sont susceptibles.

Les recherches, considérées relativement à leur méthode, sont plus ou moins parfaites selon que, COMME RECHERCHES, elles sont plus ou moins fondées sur des principes établis d'après cette méthode. On obtient, PAR LA VOIE LA PLUS COURTE, tout ce qu'une méthode peut faire obtenir, lorsque toutes les recherches, que cette méthode embrasse, sont conçues ou disposées d'après des principes qui en découlent.

C'est à cette perfection dans ses recherches que Kant doit d'avoir achevé toutes les parties de la Philosophie. — La méthode, qu'il avait découverte, aurait suffi, il est vrai, pour l'empêcher de s'écarter de la vérité; mais, en tâtonnant sans principe, en se livrant à des recherches vagues, le tems, qu'il a employé, lui aurait à peine suffi pour entamer quelques unes de ces parties.

Cet exemple de perfection dans les recherches nous servira de modèle pour celles que nous nous proposons dans cet ouvrage. Lorsque nous serons rendus à la doctrine elle-même, nous ne ferons aucun pas qui ne soit *légitimé*.

FIN DE LA PREMIÈRE SECTION. (1)

---

(1) Le dernier principe du savoir, ce *TALISMAN PHILOSOPHIQUE* qui doit faire tomber le voile dont les mystères les plus sublimes de la Philosophie sont encore enveloppés, paraîtra dans la section suivante.

SUPPLÉMENT.

J'ajouterai (toutes les fois que je le trouverai utile), à la fin des sections de cet ouvrage, un Supplément que je destine,

1°. pour des avertissemens qui ne sauraient trouver place dans le corps de l'ouvrage ;

2°. pour des explications de ce dont le sens, dans les sections précédentes, n'aurait pas été saisi.

Pour cette fois-ci, je borne ce Supplément à l'avis suivant.

AVIS AUX SAVANS.

Les législateurs et les politiques (1), *les géomètres, les physiciens, les chimistes,*

---

(1) *Les savans et non les hommes d'État : ceux-ci ne sont que les exécuteurs de ce dont ceux-là sont les créateurs.*

les médecins et les artistes même — ceux qui ne sont pas encore au fait de l'état actuel de la Philosophie — sont avertis qu'ils trouveront, dans la suite de cet ouvrage, la NOMOTHÈTIQUE *la plus complète de leurs sciences et de leurs arts.*

Ils sont priés d'attendre avec patience et de ne point anticiper, par des jugemens hazardés, sur ce qu'ils ne connaissent pas encore. — Ils n'ont qu'à faire un retour sur eux-mêmes pour s'appercevoir combien, dans leurs sciences et arts, ils sont éloignés de posséder ou de pouvoir établir une LÉGISLATION.

PHILOSOPHIE CRITIQUE.

SECONDE SECTION DU PREMIER TOME.

AVIS.

Je me suis proposé de donner au Public le système entier de la Philosophie critique découverte par Kant EN LE FONDANT SUR LE DERNIER PRINCIPE DU SAVOIR. *La première section de cet ouvrage a paru, à Marseille, en Messidor dernier : elle a été rédigée suivant le plan que j'avais formé. — Mais, de nouvelles réflexions — excitées par les conseils que quelques hommes de lettres avaient bien voulu me donner — m'ont fait reconnaître que, la Philosophie de Kant n'étant pas encore publiée en français, il serait plus convenable de donner auparavant une exposition du système entier tel que, jusqu'à ce jour, il existe en Allemagne, en me réservant de le* RAMENER A SON DERNIER PRINCIPE *lorsque le Public sera familiarisé avec ces nouvelles et sublimes découvertes.*

En conséquence, je change en partie le plan de l'ouvrage que j'ai annoncé dans la première section. — J'y efface tout ce qui concerne le principe que j'avais reconnu être la base du savoir humain. Je ne me propose plus de donner qu'une simple exposition, mais complète, 1°. du système de la Philosophie critique tel que l'a donné Kant lui-même; 2°. de tout ce qui, jusqu'à ce jour, a été fait en Allemagne par suite des découvertes de ce grand homme.

Ce nouveau plan ne change rien à l'ordre des matières que nous avons fixé dans la première section. Le seul changement, qu'il occasionne, concerne le titre mis à la tête de l'ouvrage; c'est pourquoi je joindrai, à la dernière section du premier tome, un nouveau titre que les acquéreurs de l'ouvrage voudront bien, en le faisant relier, substituer à la place de celui qui se trouve à la tête de la première section.

Plusieurs personnes, qui ont lu cette première section, l'ont trouvée trop obscure. — Il dépend, en partie, de moi de donner, à cet ouvrage, plus de clarté en lui donnant plus de développement; mais, le lecteur perdrait en prolixité ce qu'il gagnerait en clarté. Cependant; comme, suivant le nouveau plan, cet ouvrage se trouve simplement destiné à faire connaître la Philosophie critique, je dois étendre les limites de développement que je m'étais fixées lorsque j'avais en vue le premier plan. Cette circonstance, jointe à celle de l'augmentation réelle que reçoit l'ouvrage par la seconde partie du nouveau plan, augmentera considérablement son volume: au lieu de quatre tomes, que j'ai annoncés dans la première section, l'ouvrage entier comportera peut-être le double. — Pour en accélérer la publication, je ferai paraître, depuis Vendémiaire prochain, deux sections par mois. Si le Public agrée mon travail, je pourrai, en suspendant d'autres occupations, publier par mois trois et jusqu'à quatre sections.

Le lecteur ne perdra pas de vue ce qui a été dit dans une des notes de la section précédente, savoir, qu'il ne doit point prétendre saisir PARFAITEMENT *les objets des idées nouvelles de cette sublime doctrine dès le moment qu'elles lui seront présentées. En poursuivant sa lecture, il trouvera les mêmes idées représentées sous d'autres faces, ce qui lui facilitera les moyens de se placer dans le point de vue duquel, sans obstacle, il pourra découvrir l'étendue entière des objets en question. — S'il se trouve des lecteurs pour lesquels cette instruction soit inutile, il s'en trouvera aussi qui m'en sauront quelque gré.*

PHILOSOPHIE CRITIQUE.

PRÉLIMINAIRES DE LA PHILOSOPHIE.

Nous nous sommes proposé — dans l'Introduction — pour l'objet de ces Préliminaires, la détermination 1°. de l'idéal de la Philosophie, 2°. des principes des recherches qui font l'objet de l'ouvrage.

I.

IDÉAL DE LA PHILOSOPHIE.

La dernière condition de TOUT, à laquelle nous puissions parvenir, est l'EXISTENCE. Celle-ci est la condition immédiate de la *DÉTERMINABILITÉ*. — Ainsi, l'examen de toutes les DÉTERMINATIONS possibles ne peut manquer de nous faire connaître ce qu'est la Philosophie ou si, en général, il existe quelque chose qui mérite essentiellement le nom de Philosophie.

L'état de toute détermination, COMME TELLE, est l'ACTIVITÉ de cette détermination, c'est-à-dire, la *tendance* d'y rester ou d'y parvenir. Or; comme, pour atteindre le but que nous nous proposons, nous avons à examiner toutes les déterminations possibles, leurs activités — qu'il est facile de réduire en classes — pourront nous servir de principe de recherche dans cet examen.

Il n'importe nullement, pour la *validité* du résultat de nos recherches, que le principe, que nous venons de choisir, soit le plus *méthodifiant* possible (si l'on veut bien me permettre cette expression); ainsi, nous pouvons nous dispenser de le reconnaître comme tel. Il suffit que ce principe nous fournisse un moyen sûr de parcourir toutes les déterminations de l'existence qui ont lieu pour nous.

Pour faciliter l'inspection de toutes les différentes

différentes activités possibles, nous pourrions les réduire en classes par différens moyens ; mais, le plus simple paraît être de prendre, pour principe de cette classification, les moyens par lesquels nous parvenons à leur connaissance.

Le premier résultat, que nous obtenons de l'application de ce principe, est la nécessité de considérer toute activité — et, par conséquent, toute détermination — sous deux différentes faces : il faut les considérer, dans la sphère du principe en question, 1°. *subjectivement*, c'est-à-dire, par rapport aux moyens par lesquels nous acquérons leur connaissance ; 2°. *objectivement*, c'est-à-dire, en elles-mêmes.

Quant à la considération subjective, les moyens en question, qui constituent le principe que nous avons choisi, étant 1°. les sens, 2°. la raison, toutes les activités et, par conséquent, toutes les déterminations possibles se réduisent, dans cette considération, à deux classes. Les unes sont celles qui font l'objet de nos sens ; les autres font l'objet de la raison : les premières, comme objets proprement dits de l'expérience, sont les déterminations EMPIRIQUES ; les secondes, considérées comme bases de déterminations empiriques, sont les déterminations RATIONNELLES. — Mais, une détermination rationnelle pouvant être un objet de l'expérience, il arrive qu'une même détermination est tout-à-la-fois, selon qu'elle est envisagée, et rationnelle et empirique : comme objet de l'expérience, elle est une détermination empirique ; comme base d'une détermination quelconque, elle est rationnelle.

La RÉUNION RATIONNELLE — celle, qui n'est possible que par la raison — de plusieurs déterminations constitue un SYSTÈME. C'est un ensemble dans lequel les places respectives de toutes les parties sont *basées* sur un seul principe (1). — La

(1) Le lecteur peut déjà se faire une idée de l'ignorance de ceux qui croient pouvoir tourner en

réunion NON-RATIONNELLE ne produit qu'un AGRÉGAT.

Pour ce qui est des CONNAISSANCES de toutes les déterminations possibles, nous pouvons les distinguer entre elles, ou par rapport à leur origine objective, ou bien par rapport à leur origine subjective. — Considérées par rapport à leur origine objective, les connaissances sont ou RATIONNELLES OU EMPIRIQUES, selon qu'elles sont acquises ou par la raison ou par les sens. — Considérées par rapport à leur origine subjective, les connaissances sont ou RATIONNELLES OU HISTORIQUES, selon qu'elles sont acquises, ou par des PRINCIPES, ou par des DONNÉES.

La raison étant active par elle-même, les connaissances rationnelles, COMME TELLES, sont dites être *a priori*. Les sens, au

---

ridicule une doctrine en la qualifiant de l'épithète de SYSTÉMATIQUE. — L'une des plus belles prérogatives de la raison est d'être capable de créer un système — d'être *ARCHITECTONIQUE*.

contraire, ne pouvant exercer leurs fonctions qu'après avoir subi l'action de leurs objets, les connaissances empiriques, COMME TELLES, sont dites être *a posteriori*. — En considérant qu'une même détermination peut être tout à la fois et empirique et rationnelle, on conçoit qu'une connaissance empirique peut être *a priori*, et que, réciproquement, une connaissance rationnelle peut être *a posteriori*.

Un ensemble de connaissance est une DOCTRINE. — Toute doctrine, qui forme un système, est une SCIENCE.

Dans chaque science il y a (du moins, lors de sa naissance) deux principes : — un principe CONSTITUTIF et un principe *RÉGULATIF*. Le principe constitutif est la condition de l'unité de toutes les parties de l'ensemble ; le principe régulatif ne sert de base que pour le mode de recherches: le premier est invariable et constitue la nature de la science; le second peut varier et n'influe en rien sur les déterminations dont l'ensemble fait l'objet de la science. Ainsi, malgré qu'il y ait deux principes, il n'y a, dans chaque science, qu'un seul système : — le système, dont le principe régulatif est la base, est ce qu'on appelle la MÉTHODE.

Les sciences diffèrent entre elles, comme sciences, par la nature de leurs principes constitutifs. — Ces principes peuvent être reconnus ; ou *a priori*, ou *a posteriori*. Dans le premier cas, le principe constitutif étant NÉCESSAIRE — parce que la nécessité est le caractère de toutes les connaissances *a priori*, la certitude de la science est APODICTIQUE. Dans le second cas, le principe n'étant qu'EFFECTIF sans être nécessaire, la certitude de la science n'est qu'*ASSERTORIQUE*. — Il y a un troisième cas : c'est lorsque le principe constitutif est seulement POSSIBLE ; la certitude de la science est purement PROBLÉMATIQUE et la science elle-même n'est qu'une HYPOTHÈSE.

La différence, que nous venons de considérer dans les sciences, est la base de leur division en sciences RATIONNELLES et sciences EMPIRIQUES ; mais, cette dénomination n'est pas usitée. — Il y a une autre différence entre les sciences, comme telles, qui consiste en ce que, dans les unes, le principe constitutif se trouve développé RATIONNELLEMENT sans aucun recours à l'expérience, tandis que, dans les autres, chaque développement, que reçoit leur principe constitutif, est DONNÉ par l'expérience. Cette nouvelle différence est la base d'une division des sciences en RATIONNELLES et HISTORIQUES : sans être plus importante que la première, cette division est plus connue que ne l'est celle-là.

Telles sont les différentes classes de toutes les activités et, par conséquent, de toutes les déterminations possibles lorsque ces dernières sont considérées subjectivement, c'est-à-dire, comme nous l'avons déjà dit, par rapport aux moyens par lesquels nous acquérons leur connaissance. — Voyons maintenant quelles sont les différentes classes, auxquelles elles se réduisent, lorsqu'elles sont considérées objectivement, ou en elles-mêmes. Le principe régulatif de cette classification reste toujours le même, — celui que fournissent les moyens par lesquels nous acquérons la connaissance des objets de cette classification.

Toutes les activités possibles, soit empiriques soit rationnelles, sont, ou susceptibles d'expérience, c'est-à-dire, objets de sens proprement dits, ou bien ne sont susceptibles d'aucune expérience, et ne peuvent être connues que par la raison. Sous ce point de vue, toutes les déterminations possibles de l'existence consistent en deux classes distinctes : les unes constituent le monde SENSIBLE ; les autres constituent le monde INTELLIGIBLE.

Le monde sensible est ce qu'on appelle NATURE, lorsqu'elle est prise dans sa signification matérielle (1). — L'idée d'une rédaction systématique de la doctrine sur la nature donne l'idée d'une SCIENCE DE LA NATURE : cette science existe ; elle porte le nom de PHYSIQUE GÉNÉRALE. — Il en est de même du monde intelligible. L'idée d'une rédaction systématique de la doctrine sur les objets *hyperphysiques* donne l'idée d'une SCIENCE DU MONDE INTELLIGIBLE. Cette dernière science, qui porte le nom de MÉTAPHYSIQUE, n'a existé, jusqu'à Kant, que dans l'idée : tous les efforts, faits, avant ce philosophe, pour réaliser la Métaphysique, avaient été sans succès et, ce qui est plus encore, avaient fini par la rendre presque ridicule.

D'après le principe que nous avons choisi pour la classification en question, il n'existe donc que deux sciences — la Physique

(1) La nature, considérée *formellement*, désigne le premier principe intérieur de tout ce qui appartient à l'existence d'une chose.

générale et la Métaphysique. Toutes les autres sciences ne sont, dans cette considération, que des membres ou de la Physique générale, ou de la Métaphysique.

Ainsi, en analysant les objets de ces deux dernières sciences, nous devons pouvoir parvenir à la connaissance de la Philosophie — en cas qu'elle ait lieu réellement. — Nous venons de dire, il est vrai, que toutes les sciences ne sont que des membres ou de la Physique générale ou de la Métaphysique; mais, le lecteur ne doit pas perdre de vue que cette *subordination* n'est point ABSOLUE: elle n'est que RELATIVE au principe que nous avons choisi pour cette classification.

Passons à l'analyse des objets 1°. du monde sensible; 2°. du monde intelligible.

1°. ANALYSE DES OBJETS DU MONDE SENSIBLE.

—

Nos sens étant ou EXTERNES ou INTERNES, nous devons — d'aprés notre principe de classification — distinguer, dans le monde sensible, les objets des sens externes de ceux du sens interne. Cette distinction, considérée objectivement, est la base d'une division des objets, qui constituent le monde sensible, en objets CORPORELS et SPIRITUELS. En effet, tous les moyens, par lesquels nos sens externes peuvent être affectés, ont pour base la MOBILITÉ dont la condition est l'ESPACE; or, la *CORPORÉITÉ* est le caractère de l'espace : quant au sens interne, le seul moyen, dont il puisse être affecté, est UN ÉTAT DE L'AME, et le caractère de cette dernière est la SPIRITUALITÉ.

Une rédaction systématique de la doctrine sur les êtres corporels présente l'idée d'une science particulière : cette dernière existe sous le nom de PHYSIQUE STRICTEMENT DITE. Il en est de même de la doctrine sur l'ame : — la science, qu'elle forme, est connue sous le nom de PSYCHOLOGIE.

Poursuivons maintenant notre analyse en

considérant séparément A) les objets de la Physique ~~proprement~~ strictement dite et B) ceux de la Psychologie.

A) Activités corporelles.

Nous ne devons pas cublier que le principe de classification, que nous avons choisi, est purement régulatif ; autrement — en le faisant influer d'une manière constitutive, cette classification serait une simple spécification des rapports des objets, qu'il s'agit de classer, avec les moyens que nous avons pour les reconnaître ; en un mot, cette classification serait simplement subjective, ce qui ne pourrait rien faire pour notre objet. Je fais cette remarque pour indiquer pourquoi, dans notre analyse ultérieure, nous ne pouvons pas recourir — pour nous servir de principe — à la différence spécifique des sens externes : cette différence, étant purement subjective, ne saurait REGLER nos recherches pour établir — comme nous l'avons fait moyennant la différence qu'il y a entre les sens externes et le sens interne — une classification objective.

Puisque, pour obtenir la disposition ultérieure de notre principe de classification, nous ne pouvons recourir à la différence spécifique qu'il y a entre les sens externes, il ne nous reste, pour continuer notre analyse suivant le même principe, qu'à établir un *analogon* entre la relation des objets des sens externes entre eux, et la relation de ces objets avec ceux du sens interne. Or, cette dernière relation, comme telle, consiste en ce que la vie, qui fait l'objet du sens interne, paraît être le BUT tandis que les objets des sens externes ne paraissent être que les MOYENS. — Cette relation, prise pour principe de notre analyse ultérieure — de celle des activités corporelles, ne manque pas de nous faire distinguer — dans la nature corporelle —

les activités *ANORGIQUES* (1) des activités ORGANIQUES.

On entend, par l'activité *anorgique*, l'activité inhérente à la matière — COMME TELLE — qui, comme cause jointe à la substance de la matière, est cette force productrice de tous les changemens physiques dans la nature caractérisée par l'INERTIE, tels que sont, par exemple, la chûte propre d'un corps, une précipitation chimique, les

---

(1) J'ai promis, dans la première section, de déterminer la signification des expressions nouvelles dont j'aurai besoin de me servir dans le cours de cet ouvrage. Je remplirai cette promesse quand il en sera tems : lorsque nous serons rendus à la doctrine même, toutes ces expressions — à moins qu'il ne soit impossible de ne pas saisir leurs significations — se trouveront définies. Ici, dans les Préliminaires de notre doctrine, je crois pouvoir me dispenser d'indiquer la signification des expressions nouvelles, que j'emploie, lorsqu'elles sont de nature à pouvoir elles-mêmes, par leur rapport avec d'autres expressions, indiquer ce que je veux leur faire signifier.

effets galvaniques de la colonne de Volta, la rotation diurne de la Terre. — Je sais que cette exposition n'est que tautologie; mais, nous n'avons pas besoin ici de nous porter au-delà de la simple description.

Quant à l'activité organique, c'est, dit-on, l'activité de la *FINALITÉ* DE LA NATURE — si, toutefois, cette dernière conception n'implique pas déjà contradiction. — Selon cette considération, tous les êtres organisés sont des BUTS de la nature, c'est-à-dire, qu'ils sont à eux-mêmes CAUSE et EFFET, ou bien, ce qui revient au même, les objets de leurs propres activités. — Il nous suffit, pour le présent, de reconnaître l'activité de l'*organisme*, sans rechercher les conditions de sa possibilité.

La différence, qu'il y a entre la nature anorgique et la nature organique, donne l'idée de deux sciences particulières. Elles existent : l'une, qui a pour objet la nature anorgique, porte le nom de PHYSIQUE PROPREMENT DITE; l'autre, dont l'objet est la nature organique, est connue, en partie sous le nom impropre de PHYSIOLOGIE, en partie sous celui de quelques autres sciences en y ajoutant l'épithète de COMPARÉE. Le nom générique, qui convient à la science de l'organisme entier de la nature, est TÉLÉOLOGIE PHYSIQUE.

B) Activités spirituelles ou la Vie.

LE sens interne, étant UN, n'est plus susceptible d'analyse. L'*analogon*, dont nous nous sommes servis dans l'article précédent (A), ne présente aucune application aux objets du sens interne. — Il s'ensuit que, pour les activités spirituelles, nous ne pouvons plus — en analysant simplement le principe régulatif que nous avons choisi — continuer *a priori* notre classification : c'est là le terme de notre analyse. — Il ne nous reste donc ici qu'à examiner, par induction, les activités spirituelles en question dans leur relation avec les activités corporelles.

La VIE, qui est la base des activités spirituelles, est la faculté qu'a un être d'agir conformément à ses REPRÉSENTATIONS, ou bien, ce qui revient au même, d'agir suivant les lois de la VOLITION. — Nous faisons ici une distinction entre les activités de l'organisme et celles de la vie, parce que c'est ainsi qu'elles apparaissent et qu'ici nous n'avons pas encore des moyens pour pouvoir déterminer leur identité — pour pouvoir déterminer, par exemple, que la vie n'est qu'un certain degré de l'organisme, ou bien que l'animal et la plante sont les deux pôles d'un même produit organique, etc. etc.

Le caractère de l'organisme, comme organisme, est l'*IRRITABILITÉ* avec la condition de la dernière — la SENSIBILITÉ. — Le caractère de la vie proprement dite est la VOLITION, dont la condition est la REPRÉSENTATION. — En confrontant ces caractères,

ractères, IL PARAÎT, par l'analogie qu'il y a entre les fonctions de l'irritabilité et de la volition, de même qu'entre celles de la sensibilité et de la représentation, IL PARAIT, dis-je, que l'organisme est un *ANALOGON* de la vie.

Tout être vivant proprement dit, lorsque les activités de sa vie se manifestent MATÉRIELLEMENT, doit être organisé pour obtenir, par là, les instrumens de ces activités. Mais, cet organisme n'est point la vie même; il n'est — comme nous venons de le voir — que l'instrument de l'apparition MATÉRIELLE des activités de la vie. — C'est cet instrument qui, comme organisme, paraît, dans l'être vivant, un BUT de la Nature. Cependant, comme la vie en est la condition, on confond la vie même avec l'organisation de l'être vivant, laquelle n'en est que l'instrument en question.

Après être parvenu aux trois classes ci-dessus — la Nature *ANORGIQUE*, la Nature

ORGANIQUE et la Nature ANIMÉE, qui sont les termes de l'analyse que nous nous étions proposée, il ne nous reste, pour atteindre notre but — celui d'examiner toutes les déterminations possibles de l'existence, que de reconnaître, a) les caractères généraux, et b) les formes particulières des activités de chacune des classes en question. — Je pourrais peut-être me dispenser de dire que le principe régulatif, que nous devons employer dans cette nouvelle recherche, est la CONCLUSION PAR INDUCTION.

---

a) 1°. — Caractères généraux de la Nature anorgique.

C'EST l'ensemble des activités de la matière, COMME TELLE — c'est-à-dire, comme caractérisée par l'INERTIE, qui constitue la Nature anorgique. Le caractère général de la MATIÈRE est la MOBILITÉ, dont la condition est l'ESPACE.

L'ensemble de toutes les déterminations possibles de l'espace est l'objet des MATHÉMATIQUES — c'est même là leur seul objet. L'ARITHMÉTIQUE, où l'ensemble de toutes les déterminations arithmétiques possibles, que s'attribuent les Mathémathiques, ne leur appartient qu'en tant que les conceptions de ces dernières déterminations sont susceptibles d'une construction dans l'espace. (1)

Suivant notre principe de classification, les Mathématiques se trouvent comprises sous la Physique générale : elles ont pour objet les conditions FORMELLES de la possibilité de la Nature en général. Suivant d'autres principes de classification, les Mathématiques peuvent être considérées comme parfaitement distinctes de tout ce qui porte le nom de Physique : par exemple, suivant le principe de l'espèce de

(1) Cette idée sera développée dans la suite de l'ouvrage.

connaissances, les Mathématiques, dont les connaissances ont lieu par la CONSTRUCTION DES CONCEPTIONS, diffèrent totalement de la Physique dans laquelle les connaissances ont lieu par de pures CONCEPTIONS. — Mais, revenons à la MOBILITÉ.

Il doit être possible de parvenir, par des combinaisons des circonstances de la mobilité — qui est le caractère général de la matière, à une construction *a priori* de toutes les activités particulières de la matière; mais, cette considération fera l'objet de l'article suivant (b), où nous nous sommes proposé, pour objet de recherche, les formes particulières des activités de la Nature. — Nous ne nous occuperons ici que des caractères généraux de la mobilité.

Pour peu qu'on examine la nature du mouvement, on reconnaît que, considéré en lui-même, sa propriété essentielle est d'être susceptible de COMPOSITION ou bien, ce qui revient au même, d'être susceptible de GRANDEUR — celle-ci n'étant que l'état d'un ensemble considéré comme COMPOSÉ de parties uniformes, telles que sont ici les mouvemens. — Pour ce qui est de la DIRECTION du mouvement, qui est inséparable de la mobilité, elle n'appartient proprement qu'à l'espace qui est la condition de la dernière.

La loi générale de la composition des mouvemens consiste en ce que la somme de deux mouvemens est aux mouvemens composans, comme la diagonale du parallélogramme, dont les côtés adjacens désignent, par leur position, les directions et par leur grandeur, les vitesses des mouvemens composans, comme cette diagonale, dis-je, est aux côtés adjacens. — Jusqu'à Kant, cette loi n'avait pas été démontrée: toutes les tentatives, faites pour cet objet, avaient été sans succès; en effet, toutes les prétendues démonstrations, qu'on avait imaginées pour la loi en question, se réduisent à une construction MÉCANIQUE dans laquelle on recourt à des forces motrices dont l'effet commun est, conclut-on, la somme des effets des forces motrices séparées. Mais, pour comprendre la possibilité d'un tel effet commun, il est nécessaire de comprendre d'avance la possibilité de la COMPOSITION DES MOUVEMENS SÉPARÉS, CONSIDÉRÉS SIMPLEMENT COMME MOUVEMENS ET SANS ÉGARD AUX FORCES MOTRICES. — La démonstration, dont il s'agit, doit être basée sur une construction MATHÉMATIQUE de la composition des mouvemens; la construction MÉCANIQUE ne saurait être conçue que par le moyen de la première. — Kant a donné la construction mathématique en question, et a ainsi déduit *a priori* la loi de la composition des mouvemens.

La difficulté, qui se présente dans la démonstration dont nous venons de parler, consiste en ce que, la composition des mouvemens — pour déterminer leur rapport de QUANTITÉ avec d'autres mouvemens — devant se faire suivant les règles de la coïncidence, la construction mathématique de cette composition ne peut ici avoir lieu de la manière ordinaire, c'est-à-dire, de la manière dont elle a lieu dans la composition de la grandeur *EXTENSIVE*, vu que les parties du mouvement, considérées comme élémens de la grandeur, ne sont pas les unes hors des autres. Mais, ce n'est point à la difficulté en question, qu'il faut attribuer le retard de la démonstration dont il s'agit; c'est plutôt à ce que, avant Kant, on n'avait pas encore saisi le véritable point de la question. (1)

La mobilité, considérée purement comme telle, fait l'objet d'une science particulière:

(1) J'entre, il est vrai, dans plus de détails que je n'aurais besoin de le faire pour atteindre notre objet — celui de déterminer l'idéal de la Philosophie. Mais, outre l'utilité directe que le lecteur doit retirer de ces détails, celle d'y trouver un tableau achevé — classé *a priori* — de toutes les déterminations possibles de l'existence, tableau qui, dans le cours de notre doctrine, lui servira pour s'orienter — comme on dit; outre cette utilité

son nom le plus convenable serait PHORONOMIE. — Le principe de cette science est la loi de la composition des mouvemens, principe qu'elle reçoit de la PHYSIQUE SPÉCULATIVE dont nous parlerons bientôt. Quant à son objet, il consiste simplement dans la sommation, ou bien, comme on le dit, dans la composition des mouvemens donnés, — c'est à quoi se réduisent les propriétés de la mobilité. — La Phoronomie n'est donc que la science pure de la grandeur (*Mathesis*) des mouvemens : elle appartient aux Mathématiques.

---

directe, dis-je, le surplus de développement, que je donne à ces Préliminaires de la Philosophie, lui servira encore pour pouvoir, avant d'aborder la doctrine même, se former une idée de l'état dans lequel se trouvaient les sciences immédiatement avant les découvertes de Kant ; état, qui doit fixer le *point de partance* du lecteur.

a) 2°. — Caractères généraux de la Nature organique.

Les propriétés essentielles de l'organisme sont l'IRRITABILITÉ avec son *corrélat* — la SENSIBILITÉ. Elles sont reciproquement les conditions l'une de l'autre.

L'irritabilité est l'activité propre de l'organisme : la sensibilité est la *passivité* corrélative.

L'activité de l'organisme, appelée irritabilité, est caractérisée par la FINALITÉ, c'est-à-dire, par ce que ses fonctions paraissent avoir en vue, COMME UN BUT, la production de l'être organique et que, pour cela, elles paraissent annuller les fonctions des activités anorgiques qui seraient contraires à cette production. Comme telle, l'irritabilité ne peut avoir, dans les activités anorgiques, la condition de sa possibilité; parce que ces dernières, dont le caractère est l'INERTIE, excluent, en elles-mêmes, toute FINALITÉ.

Ce sont les conditions de la possibilité de l'irritabilité et de son corrélat — de la sensibilité, qui, en considérant les dernières comme instrumens de la finalité dans l'organisme, constituent, en partie, l'objet proprement dit de la TÉLÉOLOGIE PHYSIQUE. — Voici le tableau synoptique de tous les systèmes qui ont été imaginés sur cet objet.

1°. IDÉALISME de la finalité de la nature organique. (Les systèmes de cette classe nient toute *intentionalité* dans l'activité de la nature organique).

a) Idéalisme physique. — CASUALITÉ.

b) Idéalisme hyperphysique. — FATALITÉ.

2°. RÉALISME de la finalité de la nature organique. (Les systèmes de cette seconde classe affirment l'*intentionalité* dans l'activité de l'organisme).

a) Réalisme physique. — HYLOZOISME.

b) Réalisme hyperphysique. — THÉISME.

Tels sont les différens systèmes DOGMATIQUES qui, avant Kant, avaient été imaginés sur la finalité de la nature organique. Le système de Kant, sur le même objet, est CRITIQUE : il ne saurait être compris ici. — Un léger coup d'œil sur le tableau précédent suffit pour reconnaître que, avant Kant, l'école avait épuisé tout ce qu'il était possible d'assigner DOGMATIQUEMENT pour condition de la finalité de la nature organique. Mr. Schelling prétend, à la vérité, avoir découvert un nouveau système dogmatique; mais, un examen plus approfondi ne permettra pas, à sa sagacité ordinaire, de méconnaître que son système sur l'organisme n'est que le point d'indifférence entre la FATALITÉ et le HYLOZOISME — une espèce de PANTHEISME.

Nous avons dit que l'irritabilité ne peut avoir, dans les activités anorgiques, la base de sa possibilité, c'est-à-dire, que l'organisme de la Nature ne peut avoir sa première cause dans le mécanisme de la Nature. La prétendue AUTOCRATIE de la matière dans la génération des êtres organisés est une absurdité : — c'est à cette manière de considérer l'organisme qu'appartient le système chimique sur l'organisation, comme telle, de la matière ; système qui, tout en croyant s'occuper de l'organisme, n'obtient, pour résultat de ses recherches, que des productions anorgiques qui ont lieu dans l'organisme (1).

Mais, le principe TÉLÉOLOGIQUE (c'est ainsi que nous appelerons la base de la possibilité de l'organisme, base qui se trouve au-delà de la sphère des activités anorgiques) ne suffit pas pour la génération des êtres organisés : ces derniers, comme produits de la nature corporelle, doivent, en partie, avoir leur cause dans le mécanisme de la Nature. — Les conditions de la possibilité de la réunion de ces deux différentes *causalités* ne doivent pas nous occuper ici; il nous suffit, pour le présent, d'avoir reconnu la nécessité de cette réunion.

---

(1) Le système chimique en question, quoiqu'absurde dans ses prétentions, devient utile par le résultat de ses recherches — les productions anorgiques dans l'organisme.

En admettant — comme on est forcé de le faire — un principe téléologique de la génération des êtres organisés, tous les systèmes possibles, fondés sur ce principe, se réduisent à deux classes : ils posent, pour base de la forme finale des êtres organisés, ou 1°. l'*OCCASIONALISME* ou bien 2°. le *PRESTABILISME*. — L'occasionalisme suppose que la cause téléologique en question donne, à la matière, la forme organique à l'occasion de chaque mélange génératif : le prestabilisme suppose que cette cause donne, à son produit organique originaire, la disposition de se reproduire par lui-même.

Les systèmes, qui rentrent dans la sphère du prestabilisme, se subdivisent en deux classes. Les uns considérent les objets de la régénération organique comme des simples ÉDUITS (*educta*) : les autres considérent ces objets comme PRODUITS (*producta*). — Les systèmes de la première classe sont ceux de la PRÉFORMATION INDIVIDUELLE : — les systèmes de la seconde classe seraient ceux de la PRÉFORMATION GÉNÉRIQUE.

a) 3°. — Caractères généraux de la Nature animée.

Le caractère essentiel de la VIE est la VOLITION : sa condition est la REPRÉSENTATION.

La volition est la faculté d'un être de devenir, par ses représentations, cause de l'*effectivité* des objets de ces représentations.

Les bases de la détermination de la volition à l'action peuvent être ou hors d'elle ou en elle. — Dans le cas que la base de détermination se trouve dans la volition elle-même et non dans l'objet, et que la dernière ait lieu par des conceptions, la volition porte le nom de *GRÉ*, ou bien celui de FACULTÉ DE FAIRE OU DE LAISSER À SON GRÉ. Elle devient ARBITRE lorsqu'elle se trouve liée à la conscience du pouvoir de son action pour la production de l'objet.

L'acte de la volition, sans emploi de forces pour la production de l'objet, est le SOUHAIT. — Lorsque le sujet se sent impuissant pour cette production, l'acte en question est un souhait VAIN.

La volition devient VOLONTÉ lorsque la base intérieure de sa détermination et, par conséquent, le *gré* se trouvent dans la RAISON. Celle-ci, considérée comme base de la volonté, s'appèle RAISON PRATIQUE. — La raison pratique est ou PURE ou EMPIRIQUE: la raison pratique pure est celle qui, comme raison PRATIQUE, est son but à elle-même; la raison pratique empirique est celle dont le but est un objet des sens; but qui, par conséquent, se trouve HORS de la raison.

L'arbitre, lorsqu'il peut être déterminé par la raison pratique pure, porte le nom d'ARBITRE LIBRE. Celui, au contraire, qui ne peut être déterminé que par des aiguillons sensibles — quand même la raison y influerait pour démêler le maximum, porte le nom d'ARBITRE ANIMAL ou BRUT. — L'arbitre humain peut être AFFECTÉ — mais il ne peut être DÉTERMINÉ — par les aiguillons sensibles.

Voyons ce que sont ces aiguillons.

Tout acte de la volition est accompagné du SENTIMENT DE PLAISIR (1) OU DE PEINE. — Le réciproque n'a pas toujours lieu : il peut y avoir des sentimens de plaisir sans qu'ils soient accompagnés par des actes de la volition. — Ces derniers sentimens ont lieu lorsque le plaisir est lié à la représentation de l'objet sans l'être à son existence. Pour cette raison, Kant appèle ces sentimens PLAISIRS CONTEMPLATIFS OU INACTIFS, et il nomme PLAISIRS PRATIQUES les sentimens qui sont nécessairement liés à des actes de la volition. Nous nous en occuperons fort en détail dans la doctrine même.

Le sentiment de plaisir ou de peine peut précéder ou suivre l'acte de la volition qu'il accompagne :

(1) Je prends ici le mot PLAISIR dans sa signification générale, c'est-à-dire, lorsqu'il désigne ce qui est opposé à la PEINE, et non lorsqu'il désigne simplement ce qui est opposé à la DOULEUR.

accompagne : dans le premier cas, il est la cause de cet acte ; dans le second, il en est un effet. La détermination de la volition, lorsque le sentiment, dont il s'agit, la précède nécessairement comme cause, constitue l'APPÉTIT (1) ou mieux, si l'on me permet de le dire ainsi, l'*APPÉTITION* (*appetitio*) (2). Cette dernière, lorsqu'elle sert de règle au sujet, c'est-à-dire, lorsqu'elle est devenue habitude, est l'INCLINATION. — La PROPENSION diffère de l'inclination en ce qu'elle n'est que la possibilité subjective de l'existence d'un certain acte de la volition, possibilité qui précède la représentation de l'objet de cet acte. — Lorsque la volition se trouve nécessitée intérieurement à un

(1) Dans sa signification générale.

(2) Le souhait n'est pas toujours appétition. — La base de cette détermination de la volition, qui constitue l'acte appelé SOUHAIT, peut être intellectuelle ; tandis que, dans l'appétition, cette base est toujours sensible.

acte, dont l'objet est encore inconnu, sa détermination constitue l'INSTINCT. — L'AFFECTION est ce sentiment de plaisir ou de peine qui étouffe la réflexion sur la détermination de la volition par rapport à cet état, c'est-à-dire, par rapport à ce qui concerne la détermination de la volition pour sortir de l'état de ce sentiment ou pour y demeurer. — La PASSION, enfin, est cette inclination qui empêche la raison de la comparer, pour le but d'un choix, avec la somme de toutes les autres inclinations. — Telles sont les formes principales des aiguillons sensibles de la détermination de la volition.

Pour ce qui concerne la LIBERTÉ de l'arbitre, dont nous avons déjà parlé, elle consiste, considérée négativement, dans l'indépendance, des aiguillons sensibles, de la détermination de l'arbitre; et, considérée positivement, dans la faculté de la raison pure d'être pratique pour elle-même. — Pour peu qu'on ait réfléchi sur l'idée de la liberté, on reconnaît que, considérée dans le monde sensible — comme nous devons le faire ici, elle est la faculté de commencer, par elle-même, un événement ; c'est-à-dire, qu'elle est une cause dont la causalité ne commence pas. Ce n'est point ici que je dois discuter ni même faire entrevoir comment la liberté est possible.

En examinant les caractères généraux de la Nature animée tels que nous venons de les voir, on reconnaît qu'outre la considération des activités de la vie, purement comme telles, activités qui font l'objet de la PSYCHOLOGIE ; elles peuvent encore être considérées 1°. dans leur relation avec l'homme en général, c'est-à-dire, en considérant ce dernier comme être matériel organisé et en même tems comme être spirituel et libre ; 2°. dans leur relation avec la raison comme telle. — Ces deux relations constituent les objets de deux sciences particulières : la première, dont l'objet est la dépendance, de la volonté, des fonctions de l'homme en général, est connue sous le nom d'ANTHROPOLOGIE PRAGMATIQUE; la seconde, qui a pour objet les lois de la volonté, ne porte pas de nom, lorsqu'elle est considérée dans sa généralité.

Les lois de la volonté sont ou EMPIRIQUES ou PURES, selon que la base de leur détermination se trouve, ou dans la raison pratique empirique, ou dans la raison pure. Delà vient que la dernière des deux sciences, dont nous venons de parler, se divise en deux branches distinctes: l'une, qui a pour objet les lois pures de la volonté, porte le nom de MORALE; les sciences particulières comprises sous l'autre, qui a pour objet les lois empiriques de la volonté, pourraient être appelées *PRAGMATIQUES*.

L'objet des Pragmatiques concerne les moyens de la *réalisation* des buts SENSIBLES de l'homme — les règles de la PRUDENCE. Comme telles, les Pragmatiques rentrent dans la sphère du monde sensible. — Lorsque nous nous occuperons ci-après de l'examen des formes particulières des activités du monde sensible, nous aurons lieu de parcourir les objets des différentes sciences qui forment ce que nous appelons Pragmatiques, telles que sont la Politique, les diverses Economics, etc. etc.

L'objet de la Morale concerne les conditions sous lesquelles sont possibles — relativement à la raison pratique pure considérée comme but à elle-même — les moyens de la réalisation de tous les autres buts quelconques. Ainsi ; la Morale, dont l'objet est la raison pratique pour elle-même, rentre, aussi bien que la raison en général, dans la sphère du monde intelligible. C'est donc à l'occasion de l'examen des objets de ce dernier, que nous devons nous attendre à trouver les déterminations ultérieures de la Morale.

Après avoir reconnu les caractères généraux du monde sensible dans ses trois branches principales, dans la Nature anorgique, dans la Nature organique et dans la Nature animée, et après avoir indiqué les différentes sciences dont ils sont les objets, passons maintenant, suivant nos dernières dispositions, aux formes particulières des activités du monde sensible. — Jusqu'ici, nous n'avons rien trouvé qui mérite essentiellement le nom de PHILOSOPHIE.

FIN DE LA SECONDE SECTION.

SUPPLÉMENT.

La langue française ayant été fixée à une époque où la sphère des idées philosophiques se trouvait encore fort peu étendue, où les idées de cette sphère même étaient ou fausses ou, du-moins, indéterminées, on conçoit que, lorsqu'il s'agit d'exposer en français la PHILOSOPHIE CRITIQUE (1), *la diction doit paraître, à certains lecteurs, ne pas être française.*

Ce défaut APPARENT *du présent ouvrage est inséparable de sa nature. Pour en donner une preuve à ceux qui ne sauraient l'entrevoir dans l'essence de la chose, je les invite d'essayer de rendre en français*

(1) *Cette Philosophie sublime devant laquelle disparaissent tous les progrès de la culture* ~~*intelligible*~~ intellectuelle *faits même après l'époque où la langue française a été fixée : cette Philosophie qui la première conçut et réalisa l'idée d'une* SCIENCE DU SAVOIR HUMAIN.

par des périphrases ou autrement, ce que je désigne par des expressions nouvelles. — Ils parviendront, il est vrai, à en donner une DESCRIPTION; mais, je les défie de parvenir à en DÉSIGNER les caractères. Ils pourront même — lorsqu'ils seront familiarisés avec la Philosophie critique — faire entrevoir MÉDIATEMENT, faire connaître par CONCLUSION, les caractères en question; mais, ils ne pourront les INDIQUER IMMÉDIATEMENT que par des expressions nouvelles convenables qui seules, par leur rapport avec d'autres expressions, sont propres à le faire. — Pour rendre plus intelligible ce que je viens de dire pour tous les cas en général, j'en ferai une application, dans le supplément de la Section suivante, à un cas particulier, à celui, par exemple, de la première expression nouvelle que j'ai employée dans cette Section-ci, — de la DÉTERMINABILITÉ.

PHILOSOPHIE CRITIQUE.

TROISIEME SECTION DU PREMIER TOME.

PHILOSOPHIE CRITIQUE.

PRÉLIMINAIRES DE LA PHILOSOPHIE.

CONTINUATION.

b) 1°. — Formes particulières des activités de la Nature anorgique.

Nous avons déjà dit qu'il doit être possible de parvenir, par des combinaisons des circonstances de la mobilité, qui est le caractère général de la matière, à une construction *a priori* de toutes les activités particulières de la Nature anorgique. Cette construction *a priori*, comme connaissance ABSTRAITE de ce qu'il y a de général dans les activités particulières de la matière, est opposée à un ensemble de connaissances provenant de l'OBSERVATION de ces faits, ce dernier n'étant qu'une connaissance CONCRÈTE de ce qu'il y a de général dans les activités particulières en question; — opposition qui est la base d'une division de la Physique strictement dite en Physique SPÉCULATIVE et Physique VULGAIRE (1). — La Physique spéculative est opposée à la Physique vulgaire à peu près comme l'est l'état actuel des Mathématiques à celui où elles se trouvaient immédiatement après leur naissance — à celui où elles se trouvaient, peut-être, jusqu'à l'époque de Thalés.

La Physique spéculative fut cultivée des anciens avec beaucoup de zèle. Elle fut oubliée par la suite, et ce n'est que depuis peu que M. le Sage, en restituant l'ancienne Philosophie épicurienne, reveilla l'esprit spéculatif dans la Physique en général. — Mais, toutes ces recherches ont été sans succès: les différens systèmes de Physique

(1) Nous désignerons, dans cet article, la Physique strictement dite par le mot simple Physique.

spéculative, anciens et modernes, se réduisent à une *ATOMISTIQUE* MÉCANIQUE (Phylosophie corpusculaire) qui ne pourra jamais résoudre le premier problème de la Physique spéculative — celui de la cause absolue du mouvement, parce que celui-ci, considéré mécaniquement, ne peut, quelque loin qu'on poursuive la chaîne de ses causes, provenir que d'un autre mouvement. D'ailleurs, les principes, sur lesquels reposent ces systèmes, étant purement POSSIBLES (ce que j'admets ici) ; la certitude de ces derniers est purement hypothétique ; et, ce qui est plus encore, tous ces systèmes, qui datent de notre tems, ne sont proprement que des hypothèses destinées à expliquer les faits observés. Comme hypothèses, ces systèmes rentrent dans la sphère de la Physique vulgaire ; et c'est ainsi que nous les considérerons.

La Physique vulgaire, qui, comme nous l'avons déjà vu, a pour objet la connaissance CONCRÈTE de ce qu'il y a de général dans les activités particulières de la Nature anorgique, commence par la simple OBSERVATION de ces faits. Delà, elle s'élève à une *subordination* de ces faits à un fait général qu'elle considère comme la base de la possibilité de tous les autres faits en question: ce fait général peut être, ou un résultat de l'observation et, alors, cette subordination porte avec elle une certitude ASSERTORIQUE; ou bien il peut être, quant à sa généralité, purement possible et, alors, la subordination, dont il s'agit, n'est qu'une HYPOTHÈSE. — La Physique vulgaire de nos jours n'en est encore qu'aux hypothèses dans tout ce qui ne concerne pas les Mathématiques.

Parvenue à des hypothèses, qui sont des productions rationnelles; la Physique vulgaire revient à la Nature pour rendre effectif ce qui, dans ces hypothèses, n'est que possible — pour réaliser ces hypothèses, ou bien pour découvrir leur fausseté. Cette confrontation des résultats de l'hypothèse avec les faits de la Nature est l'EXPÉRIENCE:

— La Physique vulgaire, considérée par rapport à cette confrontation, reçoit le nom de PHYSIQUE EXPÉRIMENTALE. Le lecteur conçoit, par ce qui vient d'être dit de la nature de la Physique expérimentale, que les résultats, qu'elle fournit, doivent se ressentir de l'hypothèse qui fait une partie constituante de l'expérience — celle-ci supposant nécessairement un principe régulatif hypothétique. Il n'en est pas de même des résultats de la simple OBSERVATION des faits de la Nature : l'observation en question ne suppose aucune principe régulatif étranger à cette observation même.

Ainsi, lorsqu'il s'agit d'examiner les activités particulières de la matière, nous ne pouvons recourir, pour trouver un guide, ni aux différens systèmes de la Physique spéculative qui ont existé avant Kant, ni aux résultats fournis par la Physique expérimentale : dans l'un et dans l'autre cas, nous serions exposés à nous égarer par l'influence de ce qui s'y trouve d'hypothétique.

Le seul moyen que nous ayons pour parvenir sûrement à notre but, est de faire abstraction, dans les faits connus de la Nature anorgique, de tout ce qu'on y a introduit hypothétiquement, et de n'admettre, pour principe de nos recherches, que la conclusion par induction. — Il est vrai que nous avions déjà reconnu la *validité* de ce dernier principe, ce qui aurait dû nous dispenser de revenir là-dessus; mais, il a été nécessaire de nous prémunir contre l'autorité *coutumière* de ce qu'on a fait dans la Physique en général avant la Philosophie critique.

Passons maintenant à notre objet.

Les différentes formes des activités particulières de la matière comme telle — de la Nature anorgique, se réduisent, par une induction facile, aux classes suivantes.

1°. L'expansion ou la repulsion.

2°. La gravitation ou l'attraction.

3°. L'action mécanique.

4°. L'action chimique.

5°. La caloricité.

6°. La lucidité.

7°. Le magnétisme.

8°. L'électricité.

9°. Le galvanisme.

Examinons les séparément.

1°.) L'expansion ou la force originaire repulsive.

L'expansion ou la force repulsive fondamentale de la matière est la tendance qu'a cette dernière de sortir d'elle-même pour aller occuper les espaces environnans.

Jusqu'à Kant, les physiciens philosophes prétendaient que la propriété de la matière d'occuper — ou mieux d'EMPLIR (1) — un

(1) La simple OCCUPATION de l'espace ne saurait désigner cette propriété de la matière qu'on appèle de ce nom, celle de résister aux autres matières qui tendent à entrer dans l'espace où elle se trouve. La conception de l'occupation de l'espace ne renferme rien de déterminé par rapport à l'action

espace devait être supposée dans tout ce qui existe dans le monde qui fait l'objet des sens externes. Kant remarque fort bien que, suivant de telles conceptions, la simple présence de quelque chose de réel dans l'espace devrait déjà contenir, dans sa conception, la résistance que désigne l'*emplissement* (qu'on me permette cette expression) de l'espace, et que, par conséquent, il serait impossible, suivant la thèse de contradiction, que quelque chose d'autre se trouvât, en même tems, dans l'espace où serait présente une telle chose. Mais, continue-t-il en plaisantant, la thèse de contradiction ne saurait repousser la matière qui s'approche en tendant à pénétrer dans l'espace où se trouve une autre matière.

---

qu'exerce ce qui occupe l'espace : loin de désigner une action de résistance contre tout ce qui tend à entrer dans cet espace, elle ne contredit pas même l'action tout à fait opposée. C'est pourquoi Kant substitue, à cette dénomination, celle d'EMPLIR l'espace.

La seule condition de la possibilité de cette propriété de la matière d'emplir l'espace, ou bien de résister à tout ce qui tend à pénétrer dans l'espace où elle se trouve, consiste dans une FORCE de la matière de REPOUSSER tout ce qui s'approche en tendant à entrer dans l'espace qu'elle occupe. Ainsi, la matière emplit l'espace par une FORCE MOTRICE PARTICULIÈRE, et non, comme on l'a cru avant Kant, par sa SIMPLE EXISTENCE.

Cette force motrice est l'EXPANSION ou l'ÉLASTICITÉ ORIGINAIRE de la matière. — Les forces, dont l'action est opposée à celle de l'expansion de la matière, sont, dans cette considération, des forces COMPRIMANTES: considérées généralement, elles peuvent appartenir à toutes les formes de l'activité motrice de la matière. — Les forces comprimantes INTÉRIEURES produisent, dans l'équilibre, une cessation de toute manifestation immédiate de l'élasticité originaire de la matière dans ses relations extérieures : c'est le cas de tous les corps solides et de ceux des corps fluides qui ne se dilatent pas dans le vuide. Les forces comprimantes EXTÉRIEURES produisent au contraire, dans l'équilibre, une cessation de toute manifestation immédiate de l'élasticité originaire de la matière dans ses relations intérieures.

La matière peut être comprimée de plus en plus à l'infini ; mais, l'espace, dans lequel elle est étendue, ne peut jamais, par cette compression, être annullé entièrement. — Cette dernière impossibilité constitue l'IMPÉNÉTRABILITÉ de la matière : sa condition consiste en ce que la force expansive de la matière croit avec sa compression.

La loi de la variation, à différentes compressions, du degré de la force expansive originaire de la matière n'est connue ni *a priori* ni *a posteriori*. — Il est vrai que Newton a conclu (*Prin. Phil. nat. lib. II propos.* 23 *schol.*), de la loi de Mariotte, que les particules de l'air se repoussent avec une force qui varie suivant la raison inverse de leur distance ; mais, cette repulsion, indiquée par la loi de Mariotte, n'est point celle de l'expansion originaire de la matière ; elle est le résultat, et de cette expansion, et de la gravitation, et, enfin, de la cohésion (1) des particules en question. — Si l'on suppose que l'intensité de la force expansive originaire de la matière varie suivant la raison inverse de son extension — c'est-à-dire, des espaces, dans lesquels elle s'étend ; sa variation suivrait la raison inverse des compressions, ou bien la raison inverse des cubes des dimensions linéaires de la matière comprimée. Cette dernière loi serait déduite

(1) Qu'on ne s'étonne pas si je parle d'une COHÉSION entre les particules d'une matière fluide. On verra, dans la suite de l'ouvrage, que ce n'est point dans le plus ou le moins de cohésion des particules de la matière que consistent ses états de solidité et de fluidité, comme on l'avait cru avant Kant.

a priori si l'on pouvait prouver la réalité de ce qui est supposé, ce qui ne saurait être fait qu'en connaissant les conditions de la possibilité de l'expansion ou de l'élasticité originaire de la matière.

La matière, étant douée originairement d'une force expansive, n'est possible que lorsqu'elle est, de même, douée de forces dont l'action s'oppose à celle de la première. Parmi ces dernières forces, la gravitation, dont nous allons nous occuper, est la seule qu'on reconnaît aujourd'hui comme force fondamentale de la matière : quant à la cohésion et à l'adhésion, rien n'étant encore, empiriquement, déterminé par rapport à leur source, nous n'en parlerons pas ici où il n'est question que des formes fondamentales des activités de la matière.

Les circonstances de l'expansion ou de l'élasticité originaires de la matière ne sont pas encore reconnues comme assez importantes pour former l'objet d'une science particulière : d'ailleurs, ces circonstances se trouvent presque toujours unies à celles des autres formes fondamentales des activités de la matière. Cette union est, en partie, la cause de ce que l'expansion originaire en question avait échappé jusqu'à Kant, à tous les physiciens.

2°.) La gravitation ou la force originaire attractive.

La gravitation est, dans sa plus grande abstraction, la tendance de la matière de se pénétrer. — L'effet de cette tendance est une aproximation mutuelle des différens corps de la Nature, de même que de leurs parties entre elles. Le degré de cette action, dans un tems fini, est fini lorsque la masse, qui l'exerce, et la distance, à laquelle elle est exercée, sont finies : ce degré varie suivant la raison composée de la raison directe de la masse et de la raison inverse du carré de la distance.

Les physiciens spéculatifs et vulgaires,

reconnaissent depuis long-tems cette forme de l'activité de la matière. Mais, ce ne fut que depuis la découverte de la loi de la variation, que subit, par l'influence de la distance, le degré de son action, qu'on en a fait une application étendue aux faits de la Nature. Parmi ces faits, ceux qui dépendent entièrement de la gravitation, tels que sont les circonstances des trajectoires des projectiles dans le vuide, se trouvent aujourd'hui déterminés avec une exactitude qui surpasse de beaucoup (vu qu'il n'y est question que de grandeur) celle de la détermination des autres faits physiques.

La loi de la variation, que subit, par l'influence de la distance, la force originaire attractive de la matière, fut déjà connue du tems de Pythagore; mais, elle fut oubliée par la suite (en partie peut-être, parce que, les Mathématiques n'étant pas encore assez avancées pour avoir pu, par leur secours, évaluer les circonstances qui dépendent de cette loi, la connaissance, qu'on en eut, demeura srans fruit). Elle fut rapelée, ou plutôt découverte de nouveau, du tems de Newton.

Jusqu'à l'époque de la Philosophie critique, la gravitation n'avait été connue que comme déduite de l'expérience ; d'où il résulte que sa généralité n'avait été que *comparative.* Il est vrai que les physiciens les plus célèbres avaient essayé de la reconnaître *a priori* ; mais, leurs efforts ont abouti, ou à des hypothèses destinées à l'expliquer par l'intervention d'une force IMPULSIVE, ou à des simples SUPPOSITIONS métaphysiques qui la constituent propriété de la matière sans entrer dans le mode de cette inhérence.

Les physiciens qui, pour concevoir la possibilité de la gravitation, recourent à une force impulsive ; supposent déjà, pour ainsi dire, sa généralité qui est encore en question, et n'ont en vue, en quelque sorte, que l'explication de sa possibilité. Ce qu'il y a de frappant, au premier aspect, dans leur opinion, c'est que, pour concevoir la force attractive, ils recourent à une force impulsive qu'ils ne conçoivent pas plus que la première. Ce fut cette considération qui servit, en partie, de motif à l'opinion de ceux qui considèrent la gravitation comme une propriété inhérente à la matière : le passage suivant de Maupertuis en est une preuve. « On ne s'étonne point de voir un » corps en mouvement communiquer ce » mouvement à d'autres corps ; l'habitude » qu'on a de voir ce phénomene empêche » qu'on en voie le merveilleux : mais au » fond la force impulsive est aussi peu con- » cevable que l'attractive. Qu'est-ce que » cette force impulsive ? Comment réside-t- » elle dans les corps ? Qui eût pu deviner » qu'elle y réside avant que d'avoir vu les » corps se choquer ? » (*Discours sur les différentes figures des astres.*)

Les physiciens, qui envisagent la gravitation du point de vue métaphysique, supposent sa possibilité sans entrer dans la recherche des conditions de cette dernière. Ils n'ont en vue, pour ainsi dire, que la généralité de la gravitation : ils l'établissent en constituant celle-ci propriété de la matière. Pour ce qui concerne l'explication de la possibilité de la gravitation, les physiciens, dont il s'agit, se consolent de l'opinion qu'on ignore généralement le mode de l'inhérence des propriétés de la matière dans la matière.

Nous avons déjà remarqué qu'il paraît frappant, au premier abord, que les physiciens, qui expliquent mécaniquement la gravitation, recourent à la force impulsive qui n'est pas plus concevable que la force attractive qu'ils prétendent expliquer par la première. Mais, pour peu qu'on examine les circonstances de ces deux forces, on conçoit que l'impénétrabilité de la matière, qui est une condition de la force impulsive, étant la première propriété par laquelle la matière se manifeste à nos sens et, par conséquent, étant le fondement sur lequel nous sommes portés à asseoir toutes les autres propriétés, la force impulsive, comme basée immédiatement sur l'impénétrabilité, paraît (malgré les preuves que la force attractive est une force fondamentale de la matière) devoir servir de fondement à la gravitation.

Quant à la loi de la variation, qu'éprouve la force attractive par l'influence de la distance à laquelle elle exerce son action, elle devait, comme avérée par l'expérience, constituer la condition fondamentale de la *validité* des hypothèses destinées à expliquer mécaniquement la gravitation; aussi, a-t-elle servi de règle de disposition aux physiciens qui ont imaginé de telles hypothèses. — Les physiciens, qui considèrent la gravitation comme une propriété de la matière, l'ont assimilée aux forces émanentes (telles qu'est, par exemple, la lumière) dont l'intensité est en raison inverse des espaces qu'elles remplissent, et ont cru pouvoir ainsi concevoir la loi newtonienne en question : mais, cette assimilation n'est fondée sur rien, elle est moins qu'une hypothèse; et, quand même elle serait admise, encore serait-il possible que la force attractive variât, à différentes distances, indépendamment de la variation qu'elle éprouverait par celle de la grandeur des espaces qu'elle remplirait. En un mot, la loi newtonienne de la variation de la gravitation ne saurait être reconnue *a priori* avant de connaître ce qu'est la gravitation elle-même.

La PESANTEUR, qui entre dans la sphère des phénomenes de l'attration, n'est qu'une somme de gravitations partielles.

Les faits de la Nature, qui dépendent entièrement de la gravitation, sont les circonstances des trajectoires des projectiles qui, dans le vuide, se trouvent exposés à l'action de la force attractive. — Les trajectoires des Astres forment l'objet d'une science particulière : son nom le plus convenable est PHYSIQUE CÉLESTE. — La détermination des circonstances des trajectoires des graves à la surface de la Terre ou ailleurs, lorsqu'ils sont supposés se mouvoir dans le vuide et même lorsqu'on a égard à la résistance du milieu qu'ils traversent, appartient, dans les deux cas, à la Phoronomie; — mais, il faut faire abstraction des forces motrices et ne considérer que leurs effets: quant à ces forces, dans le premier cas; elles se trouvent données; dans le second, leur détermination appartient à la Statique dont nous parlerons bientôt.

3°.) L'action mécanique.

L'action mécanique des matières (1) est la communication de leur mouvement. — Leur CHOC est la condition de la possibilité de cette communication, condition qui

---

(1) Le physicien empirique se sert souvent du mot CORPS là où le mot MATIÈRE est le seul propre à désigner la généralité de la conception. Le lecteur est prié d'y avoir égard pour ne pas m'accuser d'employer une façon de parler inusitée.

consiste dans la destruction réciproque de l'action et de la réaction. — La force de l'action mécanique porte le nom de FORCE IMPULSIVE.

La possibilité de la force impulsive n'a pas été comprise avant Kant. Les physiciens vulgaires les plus habiles ne conçoivent encore rien à la communication du mouvement : cette communication n'est pour eux qu'un fait que leur fournit l'expérience. Je dis que les physiciens, dont il s'agit, ne conçoivent pas encore la possibilité de la communication du mouvement, parce que je dois présumer qu'ils reconnaissent que l'hypothèse de la TRANSFUSION du mouvement — hypothèse avec laquelle ils se proposent d'expliquer la possibilité de la communication en question — ne saurait les satisfaire.

La transfusion du mouvement ne mérite pas même le nom d'hypothèse : elle relegue, par sa nature, la communication du mouvement dans la sphère des qualités occultes. En effet, si l'on suppose que le mouvement d'un corps est transfusé dans un autre corps comme le serait un fluide d'un vase dans un autre, la communication de ce mouvement devient une qualité occulte, puisqu'on ne saurait entrevoir les conditions de la possibilité d'une telle transfusion. Mais, quand même on passerait par-dessus ces difficultés, la transfusion du mouvement, quoiqu'admise comme hypothèse, n'expliquerait que la communication du mouvement dans les corps non-élastiques, où la quantité de mouvement perdue par l'un est acquise par l'autre : pour les corps élastiques, dans lesquels la communication du mouvement n'a pas lieu d'une manière à pouvoir être assimilée à la transfusion des liqueurs, l'hypothèse de la transfusion du mouvement — même comme hypothèse — ne saurait être admise.

La loi principale de l'action mécanique, celle qui constitue la condition nécessaire de la possibilité de la dernière, est la loi de l'*ANTAGONISME* de l'action ; c'est-à-dire, la loi

loi de l'égalité de l'action et de la réaction. La possibilité de cette loi ne saurait être conçue avant de connaître la possibilité de l'action mécanique elle-même ; aussi, les physiciens empiriques, dont je viens de parler, ne la reconnaissent-ils que comme déduite de l'expérience : il y en a qui la déduisent de la prétendue force d'inertie, ce qui, au fond, revient toujours à une déduction de l'expérience. Quant aux *transfusionistes* du mouvement, leur hypothèse, loin d'expliquer la loi en question, annulle au contraire toute réaction.

Je viens d'appeler PRÉTENDUE la force d'inertie, parce qu'il n'existe point de telle force dans la Nature ; comme nous le montrerons à sa place dans la doctrine. Il y a bien une loi mécanique à qui convient le nom de LOI D'INERTIE (1) ; mais, pour ce

(1) Cette loi d'inertie est toute autre chose que ce que le physicien vulgaire s'imagine de voir sous la force d'inertie.

qui est d'une FORCE D'INERTIE, qui se contredit en elle-même, il faudra — malgré le nom célèbre de son auteur (de Kepler) — l'exclure du domaine de la Physique.

C'est par l'action mécanique que nous parvenons à évaluer la quantité de matière, ou de substance, d'un corps par rapport à celle d'un autre corps. Les considérations suivantes en indiqueront la possibilité. — Le mouvement propre de la matière est son *prédicat* (1) principal, par lequel elle se manifeste à nos sens ; ainsi, le sujet de la matière ne saurait être conçu que comme ce qu'il y a de mobile dans l'espace. La matière reçoit, par l'action mécanique, une nouvelle détermination : elle est alors conçue comme un mobile, dans l'espace, qui a une force motrice. Or, l'effet total de

(1) Je désignerai, dans cet ouvrage, par le mot *prédicat* ce que, dans le jugement, les logiciens appèlent ATTRIBUT, en réservant ce dernier pour sa signification originaire que j'indiquerai à sa place.

cette force motrice varie nécessairement suivant la raison composée des raisons simples et directes de la quantité de ce qu'il y a de mobile dans un corps, et du degré de sa vitesse; ainsi, le rapport de la quantité de ce qu'il y a de mobile dans différens corps, c'est-à-dire, de la quantité de matière ou de substance, doit pouvoir être évalué par l'action mécanique.

Leibnitz, en examinant la grandeur de l'espace des effets de l'action de la force impulsive, crut devoir en conclure que le degré de cette force, lorsqu'il y a un mouvement effectif, est en raison composée de la raison simple de la quantité de matière du corps choquant, et de la raison des carrés de sa vitesse. De cette opinion naquit la fameuse distinction des forces motrices par impulsion en FORCES VIVES et en FORCES MORTES; distinction que peu de physiciens, à en juger par ce qu'ils disent là-dessus dans leurs ouvrages, savent bien déterminer dans son essence. — Il est vrai que la grandeur de l'ESPACE des effets de l'action mécanique, lorsqu'il y a mouvement, varie suivant la raison indiquée par Leibnitz ; mais, ce n'est point cette grandeur qui mesure le degré de la force impulsive ; la véritable mesure du degré de cette force consiste dans la grandeur de la résistance détruite par l'action ; — c'est cette destruction qui est proprement l'effet.

La grandeur de cette destruction, — de l'effet en question, est facile à évaluer dans les corps SOLIDES ; elle y est constamment, comme nous l'avons déjà dit, en raison composée des raisons simples et directes de la quantité de matière et du degré de vitesse du corps choquant. Aussi les lois du choc des matières solides sont-elles connues depuis la naissance de la Physique. — Il n'en est pas de même des matières FLUIDES. Il est vrai que les lois de l'action mécanique restent les mêmes pour les matières fluides ; mais leur application et, par conséquent, l'évaluation de l'effet deviennent, dans ces matières, fort compliquées. Les géomètres les plus distingués ont essayé — depuis qu'on s'est apperçu que les matières fluides paraissent, dans le résultat total, agir différemment — de reconnaître ces dernières lois ; ils ont tous échoué. La seule raison du mauvais succès de leurs recherches consiste en ce que, faute de Métaphysique (QUI N'EXISTE QUE DEPUIS KANT), ils n'ont pu connaître la nature des corps fluides (1).

Outre les lois principales qui constituent les conditions sous lesquelles seules l'action mécanique, COMME TELLE, est possible, il y a encore une loi secondaire qui ne con-

(1) Fondé sur les principes de Kant, j'ai eu la satisfaction de découvrir les lois du choc des matières fluides. — Je m'occupe actuellement de leur application aux expériences qui ont été faites sur l'action mécanique des fluides, pour pouvoir, par leur accord avec l'expérience, prouver leur infaillibilité même à ceux pour qui l'expérience est la seule preuve admissible.

cerne que les circonstances qui, dans l'action mécanique des corps, dépendent de leur position dans l'espace. C'est la loi de l'équilibre, dans l'action mécanique, de plusieurs corps entre eux lorsque, étant situés dans des lieux différens, ils subissent un choc ou une pression moyennant des liaisons qui réunissent respectivement les corps agissans et les corps réagissans; en un mot, c'est la loi du LEVIER. — Cette loi n'est encore connue que comme donnée par l'expérience. Les efforts, qu'on a faits pour la reconnaître *a priori*, ont été sans succès; les prétendues preuves, fruits de ces efforts, ne prouvent rien et tournent, presque toutes, dans un cercle vicieux en supposant ce qu'il s'agit de prouver. — Quant à la généralité de l'application de cette loi, elle est pour ainsi dire infinie parce que, par-tout où elle a lieu, on retrouve le levier proprement dit dont l'expérience a fourni la loi en question.

La détermination des circonstances de

l'action mécanique, comme telle, fait l'objet d'une science particulière; c'est la MÉCANIQUE GÉNÉRALE. — Les objets de cette science peuvent être considérés, ou par rapport au principe du MÉCANISME de la Nature, ou bien par rapport au principe téléologique — celui de l'ORGANISME de la Nature. Cette différence, dans la considération des objets de la Mécanique générale, est la base de sa division en deux branches distinctes : l'une porte le nom de STATIQUE, l'autre, celui de MÉCANIQUE STRICTEMENT DITE.

L'objet de la Statique est l'évaluation des effets, comme tels, de l'action mécanique, c'est-à-dire, des circonstances de la destruction de l'action et de la réaction; en un mot, la détermination de l'ÉQUILIBRE MÉCANIQUE. — On dit vulgairement que la Statique est la science des lois de l'équilibre : cette dénomination de l'objet de la Statique n'est pas exacte; en effet, l'équilibre peut avoir lieu pour les autres actions de la matière différentes de l'action mécanique, actions dont la considération se trouve au-delà des limites de la Statique.

L'objet de la Mécanique strictement dite est la finalité de la Nature dans ses actions mécaniques. — Le lecteur trouvera, peut-être, quelque difficulté à reconnaître, dans cette détermination, celle de l'objet — considéré vulgairement — de la Mécanique strictement dite; c'est pourquoi je joins ici, en passant, les considérations suivantes qui lui faciliteront les moyens de se placer dans le point de vue de la plus grande abstraction de l'objet en question, de celle que j'ai en vue dans la détermination que je viens de donner. — Selon le principe téléologique (*lex parsimoniæ*) de Maupertuis (1), il faut que, lorsqu'il arrive quelque changement dans la Nature, la quantité d'action,

---

(1) Si tant est que ce soit à Maupertuis que nous devions la découverte de ce principe.

qui le produit, soit la plus petite possible; ou bien, ce qui revient au même, que l'effet d'une action déterminée soit dans son maximum possible. En considérant ce principe spécifiquement dans l'action MÉCANIQUE de la matière, il résulte que, pour la production d'un effet mécanique, la Nature doit employer, quel que soit le mode de cette production, la quantité de force qui est requise à la production de cet effet par le mode DIRECT. Or, c'est la détermination de ces différens modes de la production d'un effet mécanique, considérés par rapport à la finalité en question de la Nature, qui fait proprement l'objet vulgaire de la Mécanique strictement dite.

La possibilité de l'application de la Mécanique strictement dite aux usages de la vie consiste dans le choix, parmi les différens modes de la production d'un effet mécanique, du mode qu'on trouve convenable de mettre en usage. — L'objet de ce choix ne peut être que, ou d'employer, pendant un tems déterminé, une petite force continue pour faire agir, pendant un tems moindre que le premier, une force continue proportionnellement plus grande, ou, réciproquement d'employer, pendant un tems déterminé, une grande force continue pour faire agir, pendant un tems plus grand, une force proportionnellement plus petite (1).

4°. L'action chimique.

L'action chimique est l'action des matières lorsque, même en repos, elles changent,

(1) Le second cas, dont je parle dans le texte, est encore fort limité, à cause, en partie, que nous ne connaissons pas encore de moyen qui, sans détruire la grande force accumulée dans l'agent de la machine, puisse, en l'arrêtant successivement, ne la faire agir que par des portions aussi petites qu'on pourrait en avoir besoin. — M. Girard, de Lourmarin, vient de me communiquer une idée dont l'objet (autant que le tems, que j'ai pu y destiner, m'a permis de l'examiner) me paraît propre à nous fournir le moyen en question.

par leurs propres forces, la liaison de leurs parties. — La dissolution réciproque des matières *spécifiquement* différentes, dans laquelle une partie quelconque de l'une est unie à une partie proportionnelle de l'autre (dans le rapport des quantités de l'union totale), est une DISSOLUTION ABSOLUE. Il importe ici fort peu que l'on connaisse ou non, dans la Nature, des forces capables de produire une dissolution absolue ; il n'est ici question que de ce qu'on peut déduire *a priori* de l'existence de l'action chimique : or, les parties des matières dissoutes, quoique réduites à l'état de molécules aussi petites qu'on voudra, n'en sont pas moins indissolubles tant que la force dissolvante continue d'avoir lieu ; — et on ne saurait entrevoir les conditions de la possibilité de cette intermission. — Kant appèle PÉNÉTRATION CHIMIQUE la dissolution absolue, dont il s'agit, pour la distinguer de la PÉNÉTRATION-MÉCANIQUE de la matière dont l'impossibilité constitue l'IMPÉNÉTRABILITÉ de la matière. — Cette dernière impénétrabilité — comme dépendante de l'expansion originaire de la matière ; dont le degré croît avec celui de la compression — n'est que RELATIVE : la prétendue impénétrabilité — celle basée sur la supposition que la matière, purement comme telle, n'est susceptible d'aucune compression — serait, au contraire, ABSOLUE.

L'impénétrabilité absolue de la matière est du nombre des qualités occultes : elle est très propre à faire appercevoir au physicien vulgaire, combien sa science, comme telle, est encore peu de chose ; à peine a-t-il fait un pas au-delà de la simple description de la Nature.

Quand à la possibilité de l'action chimique, les physiciens vulgaires n'en conçoivent encore rien. — La plupart se persuadent que l'affinité, ou l'attraction chimique, n'est qu'une modification de la gravitation générale de la matière. (La manière dont ils transforment la gravitation en affinité chimique est souvent ridicule) ; mais, tous, sans exception, s'efforcent de reconnaître la gravitation comme la dernière cause de l'affinité chimique. Il est vrai que M. le Sage (le premier, parmi les physiciens modernes en question, doué d'un esprit vraiment philosophique) déclare, dans son système, que les phénomènes de l'affinité chimique ne sauraient être expliqués par la gravitation, et que, par conséquent, ces phénomènes doivent être distingués de ceux qui ne sont que des cas particuliers de l'attraction générale de la matière; mais, il ne s'ensuit (comme l'a déjà observé M. Schelling) autre chose si non que la cause de la gravitation n'est pas la cause IMMÉDIATE de l'affinité chimique: la dernière cause de l'affinité chimique est, dans le système de M. le Sage, la même que celle de la gravitation.

Il en est de même de la LOI des affinités chimiques des matières: les physiciens vulgaires n'en savent encore rien. — Pour ce qui est de la connaissance *a priori* de cette loi, ils ne sauraient l'avoir avant de concévoir la possibilité de l'action chimique elle-même ; mais, pour ce qui concerne cette connaissance *a posteriori*, il est étonnant qu'après tant de découvertes, qui se rapportent à cet objet, ils ne l'aient pas encore acquise. Il est vrai que les chimistes ont formé des tables des affinités chimiques des matières ; mais, ce ne sont là que des faits rédigés en ordre et non les lois en question : ces faits — par exemple, que l'acide sulfurique a plus d'affinité avec les alkalis, que n'en a l'acide nitrique, et que celui-ci en a plus que n'en a l'acide muriatique, etc. etc. — doivent eux-mêmes se ranger sous la loi des affinités dont il s'agit. — En quoi consiste donc cette loi, me demanderont-ils assurément, si ce n'est dans la gradation même des faits en question ? Ce n'est point ici le lieu de répondre à cette demande ; nous nous en occuperons fort en détail par la suite : tout ce que je puis, pour le moment, c'est de faire entrevoir cette loi par la considération suivante. — Si l'action chimique proprement dite n'était, par exemple, autre chose qu'une oxydation et désoxydation réciproques des matières, l'oxygène serait le principe de toute opération chimique (du moins dans une sphère déterminée) et contiendrait, par conséquent, la condition générale de toute affinité chimique des matières: cette condition, étant déterminée — quoiqu'*a posteriori*, fournirait la loi de ces affinités. Je ne prétends point affirmer le fait que je viens d'exposer (en général, je ne parlerai avec *assertion* que lorsque je serai rendu à la doctrine même); je ne le reconnais ici que comme capable, par sa généralité, de suggérer, au physicien vulgaire, l'idée de la loi dont il s'agit.

La détermination des circonstances de l'action chimique, comme telle, des matières, fait l'objet d'une branche nouvelle de la Physique proprement dite: son nom est CHIMIE.

5°. La caloricité.

L'action de la matière, qui produit la CHALEUR, est, dans son *objectivité* la plus générale, l'action de diminuer la cohésion des parties de la matière. — Les actions physiques, dont nous avons parlé jusqu'à présent, sont permanentes : celle, dont nous nous occupons actuellement — la caloricité, demande d'être excitée. Une fois excitée, la chaleur se communique suivant une loi dont la connaissance, jusqu'à sa possibilité, a échappé au physicien vulgaire, de même que celle de la loi des affinités chimiques des matières.

Quand au mode dont la chaleur est excitée, l'expérience n'en fournit qu'un seul : c'est celui par FROTTEMENT. — L'effet du frottement doit être considéré ici comme un contact réitéré, et non comme une destruction de la résistance qu'opposent les parties de la matière à leur déplacement.

Pour ce qui concerne la production de la

chaleur

chaleur par la lumière, on ne saurait déterminer *a posteriori* si cette production a lieu par une simple communication ; ou, si c'est un nouveau mode dont la chaleur se trouve excitée ; ou, enfin, si c'est le mode par frottement, la lumière en étant l'instrument. — L'effervescence de même que tous les autres phénomènes accompagnés de la production de chaleur rentrent dans le mode de *calorification* par frottement. Il ne faut pas oublier que le frottement, par rapport à la calorification, ne doit être considéré que comme produisant un contact réitéré, et non comme détruisant l'obstacle qui s'oppose au déplacement des parties des matières : un tel obstacle n'a pas lieu dans les matières fluides.

Le physicien vulgaire, loin de connaître les conditions de la possibilité de la caloricité, ne se doute pas même encore que la chaleur soit l'effet d'une forme particulière de l'activité de la matière. En rangeant les phénomènes de la caloricité parmi ceux de l'action chimique, il constitue MATIÈRE PARTICULIÈRE DE LA NATURE le principe calorifique : c'est là l'origine de son fluide subtil qu'il appèle CALORIQUE.

La théorie du calorique, comme fluide subtil, ne saurait être admise même comme hypothèse. En effet, la condition nécessaire de la *validité* de toute hypothèse est de satisfaire aux lois principales du fait qu'elle doit expliquer ; or, la loi principale de la caloricité est le mode dont la chaleur se trouve excitée, et il est ABSOLUMENT impossible, dans cette théorie, de concevoir une production de chaleur par le frottement des matières.

Ce qu'il y a de plus remarquable dans la théorie du calorique, c'est que ses sectateurs prétendent expliquer, par le calorique, la FLUIDITÉ, comme telle, de la matière. Rien ne prouve mieux le peu de progrès faits, avant la Philosophie critique, dans la Physique comme science. En voulant expliquer la fluidité de la matière par une opération chimique (en faisant intervenir le calorique comme une matière particulière), on fait appercevoir qu'on n'est pas encore parvenu à une connaissance ABSTRAITE de la matière. En effet, dans ce dernier point de vue, la fluidité de la matière est son état originaire, elle appartient à la matière par elle-même ; et, au contraire, la SOLIDITÉ de la matière est un des plus grands problèmes de la Physique. Ni l'attraction générale entre les parties de la matière, ni même une attraction particulière — quelque grande qu'elle fût — entre ces parties, ne pourraient produire l'ADHÉSION de ces parties entre elles, adhésion qui est le vrai caractère de la solidité et qui ne se manifeste que dans le contact de ces parties. Une particule de matière, quelque fortement qu'elle fût attirée d'un côté en vertu de quelque force attractive entre les parties de la matière, serait attirée du côté opposé (en vertu de la même force attractive) avec le même degré de force ; de manière que ces actions, en détruisant réciproquement leurs effets, n'opposeraient aucun obstacle au déplacement de cette particule — (comme cela arrive dans la matière fluide), obstacle qui caractérise la solidité.

Les phénomènes de la caloricité pourraient (vu, 1°. leur importance, 2°. leur *non-neutralisation* avec les phénomènes des autres activités de la matière) faire l'objet d'une branche particulière de la Physique proprement dite. — Dans l'état où se trouve cette dernière immédiatement avant de recevoir sa législation de la Philosophie critique, la calorification est considérée comme une opération chimique et, par conséquent, les phénomènes de la caloricité se trouvent, mal-à-propos, rangés dans la sphère de la Chimie.

6°.) La lucidité.

La lucidité est l'état d'une action de la matière dont le physicien vulgaire ne connaît encore que l'apparition. — Comme apparition, la lucidité est la condition de la vision.

Les phénomènes de la lucidité, considérés par rapport à la vision, font l'objet d'une nouvelle branche de la Physique proprement dite : — son nom est OPTIQUE GÉNÉRALE. Les différens modes de ces phénomènes constituent la base d'une subdivision de l'Optique générale en OPTIQUE STRICTEMENT DITE, CATOPTRIQUE, DIOPTRIQUE et PERSPECTIVE. — L'objet de l'Optique générale consiste proprement dans des déterminations des rapports de quantité : c'est à quoi est due la perfection actuelle de cette science.

Loin de concevoir la possibilité de la lucidité comme forme particulière de l'activité de la matière, ou, du-moins, d'en connaître la nature, le physicien vulgaire ne se doute pas même qu'il y ait une telle forme d'activité. Il est vrai qu'il imagine des hypothèses sur la lumière; mais, toutes ces hypothèses n'ont pour objet que l'explication des circonstances de la propagation de la lumière : quant à la lucidité elle-même, considérée comme état d'une action, ces hypothèses ne l'atteignent point.

La lumière n'étant connue que dans les phénomènes de la vision, il fallut, pour concevoir une telle action mécanique — (cette dernière étant ici prise dans sa signification générale, c'est-à-dire, comme ayant lieu suivant des lignes droites), constituer la lumière MATIÈRE PARTICULIÈRE. On crut devoir le faire avec plus de raison, lorsqu'on s'apperçut de l'influence — qu'on prit pour une influence chimique — de la lumière sur les prétendues autres matières. — Ce fut encore une matière SUBTILE ET DÉLIÉE qu'on chargea des fonctions de la lumière.

Un phénomène remarquable — celui de la TRANSPARENCE des matières, qui rentre dans la sphère des phénomènes de la vision, est bien propre à faire découvrir combien peu de progrès SCIENTIFIQUES on avait fait, avant Kant, dans la Physique en général. — Encore aujourd'hui, le physicien vulgaire croit que la transparence des matières dépend de la forme de leurs pores, qui laissent un passage libre à la lumière (1)!

Quoique, dans l'état actuel (2) des connaissances physiques, acquises par suite de la Philosophie critique, la considération de la lumière comme MATIÈRE PARTICULIÈRE (comme fluide subtil) soit non seulement

(1) Je ne parle pas de l'hypothèse de Newton, parce que celle-là suppose déjà ce qu'il s'agit proprement d'expliquer.

(2) Ayant eu en vue le premier plan de cet ouvrage, j'ai eu des raisons pour vouloir (comme j'en ai averti le lecteur dans la première Section) désigner, par l'état actuel de la Philosophie, celui qui précéda immédiatement les découvertes de Kant. — Suivant le nouveau plan, nous entendrons, par l'état actuel de la Philosophie, celui où elle se trouve aujourd'hui, par suite de la découverte de la Philosophie critique.

C'est dans ce dernier sens que la même expression est employée dans le supplément de la première Section et dans l'avis qui suit immédiatement l'Avant-propos.

inutile mais même impossible, et que, par conséquent, le mode dont la lumière, comme matière fluide, pénètre les matières diaphanes soit hors de toute question, je dirai quelques mots sur le mode de cette pénétration pour indiquer les degrés que la Physique vulgaire, en parvenant à la connaissance de la possibilité de l'impénétrabilité ou, en général, du choc des matières, aurait encore pu monter si la Philosophie critique ne l'avait pas arrêtée dans son cours et ne lui avait pas prescrit une marche tout-à-fait nouvelle.

Si les conditions de l'impénétrabilité de deux matières consistaient, et dans la repulsion de leurs parties entre elles, et dans la repulsion réciproque des parties de l'une de ces matières avec celles de l'autre; il suffirait de supposer nulle la dernière repulsion pour que l'une de ces matières pût pénétrer et traverser l'autre avec la même facilité avec laquelle elle serait mue dans le vuide. Voilà l'hypothèse sur la transparence des matières qui se serait offerte, au physicien vulgaire, lorsqu'il serait parvenu à la connaissance des conditions de l'impénétrabilité ou, en général, du choc des matières. — On a reproché (avec raison) à Euler que, dans son hypothèse sur la lumière, les vibrations de l'éther dans tout sens produiraient une confusion; mais, l'hypothèse de l'émission de la lumière par molécules n'est pas de beaucoup moins exposée au même reproche.[1] Le physicien vulgaire, en concevant la possibilité de la pénétration mécanique des matières, aurait pu supposer que les molécules de la lumière sont pénétrables entre elles et que, par conséquent, elles n'éprouvent aucun choc l'une contre l'autre; supposition qui l'aurait mis à même d'expliquer le mouvement d'une molécule de la lumière au milieu de celui d'une infinité d'autres, sans éprouver aucun dérangement. — Mais, toutes ces hypothèses viendraient trop tard.

FIN DE LA TROISIÈME SECTION.

ERRATA.

Page 43, ligne 2; proprement *lisez* strictement

Page 71, ligne 17; intelligible *lisez* intellectuelle

SUPPLÉMENT.

J'ai promis, dans le supplément de la Section précédente, de faire une application, à un cas particulier, à celui de la première expression nouvelle que j'avais employée dans cette Section-là — de la DÉTERMINABILITÉ, *de ce que j'ai dit, dans ce supplément, pour tous les cas en général; c'est-à-dire, qu'on pourrait parvenir à donner une* DESCRIPTION *de ce que je dénote, dans le cours de cet ouvrage, par des expressions nouvelles, mais non à en* DÉSIGNER *les caractères; ou bien encore, qu'on pourrait faire entrevoir* MÉDIATEMENT, *faire connaître par* CONCLUSION, *les caractères en question, mais qu'on ne pourrait les indiquer* IMMÉDIATEMENT *que par des expressions nouvelles convenables qui seules, par leur rapport avec d'autres expressions, sont propres à le faire. — Je vais remplir ma promesse.*

La description la plus exacte qu'on puisse donner de ce que je dénote par le mot DÉTERMINABILITÉ, — *description que je donne ici gratuitement, est que c'est l'*ÉTAT D'ÊTRE SUSCEPTIBLE DE DÉTERMINATION. *Or, cette description n'apprend rien sur les caractères de la déterminabilité : en effet, le mot* DÉTERMINATION, *qui entre dans cette description, désigne ce qui ne pourrait être compris que moyennant la déterminabilité, parce que celle-ci en est la condition ; ce serait tourner dans un cercle que de vouloir faire comprendre la déterminabilité moyennant la détermination, lorsque celle-ci ne saurait, à son tour, être comprise que moyennant celle-là. — Quant à la connaissance* MÉDIATE *(par conclusion) des caractères de la déterminabilité, on pourrait, en reconnaissant celle-ci comme étant la condition de la détermination, parvenir* PAR CONCLUSION *à la connaissance des caractères en question, ceux de la détermination étant supposés* *connus : mais, cette connaissance ne serait qu'une connaissance* NÉGATIVE, *c'est-à-dire, la connaissance de ce qui ne peut être un des caractères de la déterminabilité. — Il s'ensuit que, puisque tout objet d'une connaissance positive est ou empirique ou rationnel et, par conséquent, susceptible ou, dans le premier cas, d'une exposition par rapport à ses caractères ou, dans le second, d'une indication par conclusion, l'objet de notre connaissance, que j'ai désigné par le mot* DÉTERMINABILITÉ, *ne pouvant être ni exposé, ni reconnu médiatement par une conclusion* FINIE, *doit, en cas qu'il soit effectivement l'objet d'une connaissance positive, pouvoir être reconnu par une conclusion* INFINIE. *C'est le cas dont il s'agit : les caractères positifs de la déterminabilité ne sauraient être reconnus que par une conclusion infinie, c'est-à-dire, par l'analogie des relations de tous les objets de nos connaissances ; relations qui, vu le nombre indéfini des combinaisons possibles, constituent* IN-DÉFINIE *la conclusion par l'analogie en question. Or, comment désigner cette série infinie des relations? Il n'y a d'autre moyen que d'employer une expression qui, par son rapport avec d'autres expressions connues, puisse constituer une espèce de* TERME SOMMATOIRE *de la série en question : — c'est ce qui me force à recourir, dans cet ouvrage, à des expressions qui n'ont pas été avouées par l'Académie française.*

Ce que je viens de dire par rapport aux expressions nouvelles, dont je me sers dans cet ouvrage (1), *doit être répété par rapport à ma manière de m'exprimer en général : le plus souvent je suis nécessité de m'écarter de la manière usitée.*

Le lecteur a dû s'appercevoir que j'indi-

---

(1) *Il faut en excepter les expressions nouvelles que je n'emploie qu'en demandant la permission de le faire ; aussi, le contenu du supplément de la Section précédente ne s'étend-il pas jusqu'à celles-ci.*

que, par des caractères italiques, toutes les expressions nouvelles. — Lorsque ces expressions sont NÉCESSAIRES *, je ne les désigne ainsi que les premières fois que je m'en sers. Je distingue encore, par des caractères italiques, toutes les expressions usitées lorsque je les prends dans un sens différent de celui qu'elles ont dans leur acception ordinaire.*

Je croyais pouvoir me dispenser, envers tous les lecteurs, d'indiquer l'usage auquel je destine les petits traits dont je me sers dans cet ouvrage : c'est pourquoi je ne le fais qu'à présent. — — Un seul trait, qui unit deux phrases, est destiné à suppléer ce qui devrait unir ces phrases et qu'il est facile de deviner. — Deux traits, qui renferment une phrase, tiennent lieu des crochets d'une paranthèse ; mais, de telles parenthèses sont NÉCESSAIRES *et c'est en quoi elles diffèrent des parenthèses ordinaires.*

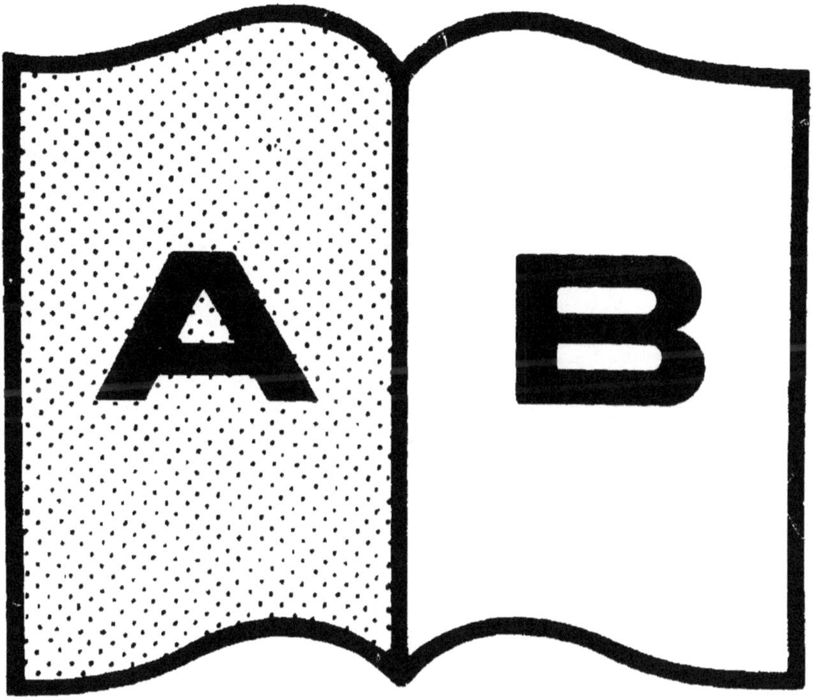

Contraste insuffisant

NF Z 43-120-14

www.ingramcontent.com/pod-product-compliance
Lightning Source LLC
Chambersburg PA
CBHW050018100426
42739CB00011B/2696
* 9 7 8 2 0 1 2 8 0 1 9 7 4 *